U0462261

华为的企业战略

HUAWEI DE QIYE ZHANLUE

中国式基业长青的战略逻辑
从优秀到卓越的战略思维

李正道　许凌志　著

深圳出版发行集团
海天出版社

图书在版编目（CIP）数据

华为的企业战略 / 李正道，文丽颜著. — 2版. —
深圳：海天出版社，2010.10
（解密华为成功基因丛书；2）
ISBN 978-7-80747-895-9

Ⅰ. ①华… Ⅱ. ①李… ②文… Ⅲ. ①通信—邮电企
业—企业管理—经济发展战略—深圳市 Ⅳ.
①F632.765.3

中国版本图书馆CIP数据核字(2010)第098005号

华为的企业战略
HUAWEI DE QIYE ZHANLUE

出 品 人　陈锦涛
出版策划　毛世屏
责任编辑　张绪华　许全军
责任技编　钟愉琼
封面设计　耀午书装

出版发行　海天出版社
地　　址　深圳市彩田南路海天综合大厦7-8层（518033）
网　　址　http://www.htph.com.cn
订购电话　0755-83460137（批发）　83460397（邮购）
设计制作　蒙丹广告　Tel：0755-82027867
印　　刷　深圳市佳信达印务有限公司
开　　本　787mm×1092mm　1/16
印　　张　15.5
字　　数　200千字
版　　次　2010年10月第2版
印　　次　2010年10月第1次
定　　价　39.00元

向华为学习什么

企业犹如明星，其命运随着潮流的变化而跌宕起伏，但华为似乎可以算是一个例外，在每一个浪尖谷底，它总是坦然以对，走着自己的路，并最终开辟出一条通往世界的扩张之路。

2009 年，在国际金融危机的大背景下，对中国许多企业来说都是备受考验的一年。然而对于华为而言，却在这一年中逆势增长，美国业务增长 60%，华为全年营业额超300 亿美元。作为中国最成功的民营企业，华为的营业额已经步入世界 500 强的门槛，成为真正意义上的世界级企业。

"10 年之后，世界通信行业三分天下，华为将占一分。"华为总裁任正非当年的豪言犹在人耳。如今，华为这一梦想已然实现。华为总裁任正非凭借着自己出色的经营思想和远见卓识的管理才能，创建了华为，并带领着华为在发展中不断地壮大，从中国走向世界，使华为在世界上产生了巨大的影响并最终改写了全球电信业的"生存规则"。

《时代周刊》曾这样评价任正非：年过 60 岁的任正非显示出惊人的企业家才能，他在 1987 年创办了华为公司，这家公司已重复当年思科、爱立信卓著的全球化大公司的历程，如今这些电信巨头已把华为视为"最危险"的竞争对手。英国《经济学人》对华为也给予了极高的评价："它（华为）的崛起，是外国跨国公司的灾难。"

华为是中国企业实现国际化的一面标志性的旗帜，它所走过的路正在成为众多中国企业学习的经典教材。

华为的逆势增长，有其偶然性，也有其必然性。必然性在于，它在管理方法、营销策略、战略谋定、人力资源管理、国际化、企业文化、研发策略有特别的成功基因，拥有了这些基因与武器，华为自然能够披荆斩棘，成为中国企业中的佼佼者。

成功基因一：管理模式

华为之所以成为中国民营企业的标杆，不仅因为它用 10 年左右的时间将资产扩张了 1000 倍，不仅因为它在技术上从模仿到跟进又到领先，更因为华为与国际接轨的管理模式。

西方人崇尚法治，而东方人则倾向于人治。华为的管理，始终是中西方管理理念的碰撞和结合。从流程和财务制度这些最标准化甚至不需质疑的"硬件"开始，从制度管理到运营管理逐步"西化"，潜移默化地推动"软件"的国际化。

诞生于 1995 年的《华为之歌》唱道："学习美国的先进技术，吸取日本的优良管理，像德国人那样一丝不苟，踏踏实实，兢兢业业。"华为最终决定向美国学习管理。

华为同 IBM、Hay Group、PwC 和 FhG 等世界一流管理咨询公司合作，在集成产品开发（IPD）、集成供应链（ISC）、人力资源管理、财务管理和质量控制等方面进行深刻变革，引进业界最佳实践，建立了基于 IT 的管理体系。任正非表示：

"在管理上，我不是一个激进主义者，而是一个改良主义者，主张不断地进步。""我们要的是变革而不是革命，我们的变革是退一步进两步。"

"先僵化，后优化，再固化"这是任正非一个著名的管理改革理论。

华为的管理优化进行得如火如荼的关键是其领袖任正非对管理的重视，尽管许多人更愿意为他贴上毛式风格的标签。在任正非心里，只要有利于实现"成为世界级领先企业"的光荣与梦想，一切的改变和改革都是必要和必须的。任正非强势地推动了这一切。

"上述这些管理的方法论是看似无生命实则有生命的东西。它的无生命体现在管理者会离开，会死亡，而管理体系会代代相传；它的有生命则在于随着我们一代一代奋斗者生命的终结，管理体系会一代一代越来越成熟，因为每一代管理者都在给我们的体系添砖加瓦。"

任正非表示：

"管理就像长江一样，我们修好堤坝，让水在里面自由流，管它晚上流，白天流。晚上我睡觉，但水还自动流。水流到海里面，蒸发进入空气，雪落在喜马拉雅山，又化成水，流到长江，长江又流到海，海水又蒸发。这样循环搞多了以后，它就忘了一个还在岸上喊'逝者如斯夫'的人，一个'圣者'。它忘了这个'圣者'，只管自己流。这个'圣者'是谁？就是企业家。"

"企业家在这个企业没有太大作用的时候，就是这个企业最有生命的时候。所以当企业家还具有很高威望，大家都很崇敬他的时候，就是企业最没有希望，最危险的时候。所以我们认为华为的宏观商业模式，就是产品发展的路标是客户需求，企业管理的目标是流程化组织建设。同时，牢记客户永远是企业之魂。"

成功基因二：企业战略

战略管理大师迈克尔·波特认为，战略的本质是抉择、权衡和各适其位。打个比方来说，战略好比是制作一部电影，每部电影都要有一种情境，通过这种情境让观众在电影结束时体验到某种结果。

迈克尔·波特认为，日本企业在 20 世纪 70、80 年代以实际营运优势成功崛起，但是因为战略的缺失，导致日本企业整体竞争力下降以及日本经济的衰退。

虽然，任正非曾多次表示：

"华为因为无知，才走上通信产业。当初只知道市场大，不知市场如此规范，竞争对手如此强大……"但是，任正非始终强调："华为选择了通信行业，就是选择了一条不归路。1998 年华为公司的产值将近 100 亿元，但也仅相当于 IBM 的 1/65，相当于朗讯公司的 1/25。在电子信息产业中，要么成为领先者，要么被淘汰，没有第三条路。我们的竞争对手太强大了，我们要在夹缝中求生存，就要学会保护自己，慢慢壮大自己。"

"凡是战略，都是专注。"《华为基本法》第一条规定："为了使华为成为世界一流的设备供应商，我们将永不进入信息服务业。通过无依赖的市场压力传递，使内部机制永远处于激活状态。"

军人出身的华为总裁任正非很喜欢读《毛泽东选集》，一有闲工夫，他就琢磨毛泽东的兵法怎样成为华为的战略。仔细研究华为的发展，不难发现其市场攻略、客户政策、竞争策略以及内部管理与运作，无不深深打上传统权谋智慧和"毛式"哲学的烙印。其内部讲话和宣传资料，字里行间跳动着战术术语，极富煽动性。

在敌强我弱、敌众我寡的形势下，任正非受毛泽东启发创造了华为著名的"压强原则"。

"我们坚持'压强原则'，在成功关键因素和选定的战略生长点上，以超过主要竞争对手的强度配置资源，要么不做，要做，就极大地集中人力、物力和财力，实现重点突破。"

任正非信奉"将所有的鸡蛋都放在同一个篮子里",无论是在业务选择,在研发投入上,还是在国际化的道路上,这种专业化战略的坚持,至今折服着诸多企业家。正是华为的远大目标和不断地坚持,使得华为走到了今天。

成功基因三：国际化

任正非判断国际化是华为度过"冬天"的唯一出路。20世纪90年代中期,在与中国人民大学的教授一起规划《华为基本法》时,任正非就明确提出,要把华为做成一个国际化的公司。与此同时,华为的国际化行动就跌跌撞撞地开始了。

1998年,英国《经济学家》杂志就说过：华为这样的中国公司的崛起将是外国跨国公司的灾难。这话也许并不是危言耸听。在思科与华为的知识产权纠纷案之后,思科总裁钱伯斯表示："华为是一家值得尊重的企业。"美国花旗集团公司执行董事罗伯特·劳伦斯·库恩博士曾称,华为已经具备"世界级企业"的资质,它的崛起"震惊了原来的大佬们——如北电、诺基亚、阿尔卡特朗讯"。

在任正非的领导下,华为成功地迈出了由"活下去"到"走出去",再到"走上去"的惊险一跳,依靠独特的国际化战略,改变行业竞争格局,让竞争对手由"忽视"华为到"平视"华为,到"重视"华为。

在和跨国公司产生不可避免的对抗性竞争的时候,华为屡屡获胜,为中国赢得骄傲。然而,这份骄傲来得并不是那么容易。在最初的国际化过程中,华为是屡战屡败,屡败屡战。最终华为是采用了巧妙的"农村包围城市"的办法取得了国际化的初步胜利,即使今天,亚非拉等一些不发达的国家和地区,依然为华为创造着很大的利润。但在华为总裁任正非看来,美国才是他认定的真正意义上的全球主流市场。因为全球电信设备的最大买主大部分集中在北美,这个市场每年的电信设备采购量是全球电信开支的一半。而北美市场的破局,华为足足抗战了8年。以华为为首的中国制造业典范,正在用自主创新的技术,引领着中国制造业复苏。

中国企业与跨国公司的距离有多远,企业"走出去"的道路有多长？华为公司的实践说明：只要不等不靠,坚定地走出去,看似遥不可及的目标可能就在眼前。

成功基因四：营销策略

华为有很多成功的理由，但如果没有华为市场的成功，是绝对成就不了今天的华为。

"华为的产品也许不是最好的，但那又怎么样？什么是核心竞争力？选择我而没有选择你就是核心竞争力，"华为总裁任正非如是说。在华为，营销就是核心竞争力，华为用三流的技术卖出了一流的市场。

在创业初期，华为的跨国营销策略是"跟着我国外交路线走的"。华为依照外交路线设计营销路线也是明智的选择。可以在国家外交的背景下，长期稳定海外发展方向，可以优先获得政府的支持。正像任正非所说的：正因为华为的产品在某些方面不如别人，华为才更要参加各种活动特别是国际大型会展，这样就能让更多的人知道华为，了解华为。与在国内的过分低调相比，华为在国际市场上明显要活跃得多。任正非表示：

"我们在国际市场上需要发出适当的声音，需要让别人了解华为。"

华为的客户关系在华为内部被总结为"一五一工程"，即：一支队伍、五个手段（参观公司、参观样板点、现场会、技术交流、管理和经营研究）、一个资料库。通过这个"一五一工程"，为经营好客户关系，华为人无微不至。华为员工常常能把省电信管理局上下领导的爱人请去深圳看海、家里换煤气罐等所有家务事都包了；能够从机场把对手的客户接到自己的展厅里；能够比一个新任处长更早得知其新办公地址，在他上任第一天将《华为人》报改投到新单位。这些并不稀奇的"常规武器"，已经固化到华为企业制度和文化中了。

华为接待客户的能力更是让一家国际知名的日本电子企业领袖在参观华为后震惊，认为华为的接待水平是"世界一流"的。

成功基因五：人力资源管理

任正非说：

"华为唯一可以依存的是人，认真负责和管理有效的员工是华为最大的财富，员工在企业成长圈中处于重要的主动位置。"

在华为，任正非崇尚"权力智慧化，知识资本化"。在任正非看来，企业就是要发展一群狼，因为狼有三大特性：一是敏锐的嗅觉；二是奋不顾身、不屈不挠的进攻精神；三是群体奋斗。为此华为业已形成了独特的狼性企业文化，并将其上升为核心竞争力，保持了企业持续快速增长。因此，任正非在华为人力资源管理中坚持"人力资本的增值一定要大于财务资本的增值"。

任正非认为：

"对人的能力进行管理的能力才是企业的核心竞争力。"

深谙兵法的任正非把西点军校的校训"责任、荣誉、国家"（Duty, Honor, Country）贯彻进华为的每一位员工心中。通过"薪酬制度、员工培训"使员工有了责任感和荣誉感，而且把自己的事业与国家的兴盛这种崇高理想相结合，在工作中发挥出巨大的能量。

华为的大规模人力资源体系建设，开始于1996年的市场部集体辞职。当时，华为市场部所有正职干部，从市场部总裁到各个区域办事处主任，所有办事处主任以上的干部都要提交两份报告，一份是述职报告，一份为辞职报告。2000年1月，任正非在"集体辞职"4周年纪念讲话中如此评价道：

"市场部集体大辞职，对构建公司今天和未来的影响是极其深刻和远大的。任何一个民族，任何一个组织只要没有新陈代谢，生命就会停止。如果我们顾全每位功臣的历史，那么就会葬送公司的前途。如果没有市场部集体大辞职所带来的对华为公司文化的影响，任何先进的管理、先进的体系在华为都无法生根。"

华为在人力资源上的每次调整都会引起业界的轩然大波，其真实目的在于：

"不断地向员工的太平意识宣战。""人力资源改革，受益最大的是那些有奋斗精神、勇于承担责任、冲锋在前并作出贡献的员工；受鞭策的是那些安于现状、不思进取、躺在功劳簿上睡大觉的员工。"

华为最大的特点就是干部能上又能下，下了还能上。华为员工犯了错误下来之后，还有机会再上去。

华为不仅建立了在自由雇佣制基础上的人力资源管理体制，而且引入人竞争和选择机制，在内部建立劳动力市场，促进内部人才的合理流动。在人才流动上，华为强调高中级干部强制轮换，以培养和提高他们能担当重任的综合素质；对低级职员则提供自然流动，爱一行干一行，在岗位上做实，成为某一方面的管理或技术专家。

成功基因六：企业文化

美国著名管理专家托马斯·彼得斯和小罗伯特·沃特曼研究美国43家优秀公司的成功因素，发现成功的背后总有各自的管理风格，而决定这些管理风格的恰恰是各自的企业文化。

任正非在《致新员工书》中写道：

"华为的企业文化是建立在国家优良传统文化基础上的企业文化，这个企业文化黏合全体员工团结合作，走群体奋斗的道路。有了这个平台，你的聪明才智方能很好地发挥，并有所成就。没有责任心，不善于合作，不能群体奋斗的人，等于丧失了在华为进步的机会。"华为非常厌恶的是个人英雄主义，主张的是团队作战，胜则举杯相庆，败则拼死相救。

任正非主导的华为特色的企业文化和任氏风格的管理思想，如"小胜在智，大胜在德"、"满足客户需求是华为存在的唯一理由"、"群体接班"、"静水潜流的企业文化"、"棉袄就是现金流"等等，深刻地影响着中国企业界，已成为中国企业家的学习样本。华为十分重视企业文化，任正非对此有着精辟的论述：

"资源是会枯竭的，唯有文化才会生生不息。"

然而在很多人的眼里，华为的企业文化被称为狼性企业文化，其中浸透着一股"狼性"。狼性精神使得华为常常以集体战的发展，斗过了强大若干倍的对手，找到了生存之法。

华为的企业文化中另一个具有辨识度的东西是《华为公司基本法》。这个基本法的意义在于将高层的思维真正转化为大家能够看得见、摸得着的东西，使彼此之间能够达成共识，这是一个权力智慧化的过程。任正非表示："避免陷入经验主义，这是我们制定《华为公司基本法》的基本立场。""成为世界级领先企业"被写入《华为公司基本法》第一章第一条，它是华为的终极目标与最后理想。

作为一个具有改革精神的企业，华为也不断地在企业文化上进行修补。与多数陷入困境中才决定要进行改革的企业所不同的是，华为总是选择在公司风调雨顺的时候开始改革，这也是因为任正非广为人知的忧患意识。

"冬天总会过去，春天一定会来到。我们要趁着冬天，养精蓄锐，加强内部的改造，度过这个严冬。""十年来我天天思考的都是失败，对成功视而不见，也没有什么荣誉感、自豪感，而是危机感。""艰苦奋斗必然带来繁荣，繁荣以后不再艰苦奋斗，必然丢失繁荣。"

成功基因七：研发策略

华为推崇创新。20多年来，在任正非的领导下，华为对技术创新孜孜追求。华为对创新也形成了自己的观点：不创新是华为最大的风险。

2001年，联想集团CEO杨元庆来华为参观时，杨元庆表示联想要加大研发投入，做高科技的联想，任正非以一位长者的口吻对他说："开发可不是一件容易的事，你要做好投入几十个亿，几年不冒泡的准备。"

华为如今在国际上的地位，来源于其多年来在研发上的巨额投入。别人觉得搞技术是赔钱买卖的时候，任正非却每年将华为收入的10%以上投入到研发中。华为始终相信客户需求导向优先于技术导向。任正非认为正是在这样一种创新精神和对技术的追求之下，使得华为成就了一系列的第一。

从一家早期以低价格竞争取胜的企业，几年之间迅速转变成技术型企业，所用时间之短，发展速度之快，让人为之咋舌。

美国著名国际投资银行家和公司战略家、现任花旗集团公司执行董事罗伯特·劳伦斯·库恩博士表示，华为已经具备"世界级企业"的资质。他表示，虽然许多人曾经认为华为抄袭外国技术而批评它是"二流公司"，但现在，"华为已经成为世界革新领袖"，它的崛起"震惊了原来的大佬们——如北电、诺基亚、阿尔卡特朗讯"。

目 录

第 3 章　客户战略 ······················· 49

"以客户为中心"是华为成功的重要秘诀。在华为内部，从总裁到普通员工，客户的要求是最高行动纲领，每个流程、组织、管理制度都与这个要求和一致。

在华为发展的过程中，华为从以竞争为基准的战略生存观转化为以客户为中心的战略发展观。

第 4 章　创新战略（上）··············· 75

在自主研发上的出类拔萃，使华为在通讯领域激烈的市场竞争中始终立于不败之地，并且得到了高速的发展。在一片大好的形势下，任正非却看到了华为在技术研发中存在的隐患：一些华为研发人员醉心于对最好最新技术的追求，却往往忽略了客户的真正需求。

第 5 章　创新战略（下）············· 103

早在华为创业前期，华为中研部在研发队伍里广泛宣传如下思想：要反对盲目的创新，经过理性选择的借鉴、仿造、拼装都是创新：技术进步与市场变化都很快，产品技术就像资本等其他资源一样，是可以开发或获取、组装的，中研部可以通过公司内部的研发活动得到发展，也可以用各种不同的方式获取。

第6章　技术战略 ……………… 131

任正非坚信，而现代商战中，只有技术自立，才是根本，没有自己的科研支撑体系，企业地位就是一句空话。没有自己的科技支撑体系，工业独立是一句空话，没有独立的民族工业，就没有民族的独立。

第7章　融资战略（上）……………… 145

在企业发展初期，资金短缺成了华为最大的问题。作为一家没有任何背景的民营企业，华为根本无法从银行贷到现款，只能向大企业拆借资金，但这也不是长久之计。为了获得更多的资金用以自主研发，华为必须要重新开辟一条新的相对稳定的融资渠道。

第8章　融资战略（下）……………… 155

世界电信、移动通信业正处于转型期，正在进行中的我国通信业的资产重组也带来了巨大商机，加上华为面向全球市场的扩张，如没有巨大的资金流保障技术的持续投入，以领先的技术领先市场，华为也不是没有可能失去市场的。

第1章 战略定位

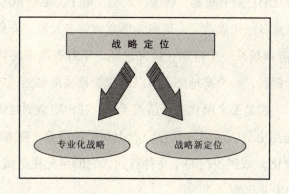

　　任正非信奉"将所有的鸡蛋都放在同一个篮子里"。无论是在业务选择还是在研发投入上，这种专业主义的坚持，至今折服着诸多企业家。联想董事局主席柳传志将任正非的路比喻成敢从珠峰走南坡，柳传志说："这本身就使我对他充满敬重。"

华为固守通讯设备供应这个战略产业，除了一种维持公司运营高压强的需要，还为结成更多战略同盟打下了基础。商业竞争有时很奇怪，为了排除潜在的竞争者，花多大血本都不在乎。在通讯运营这个垄断性行业，你可以在一个区域获得一小部分的收益，可是在更多区域运营商们会关闭你切入的通道。任正非深知人性的弱点，守护着华为长远的战略利益。

——著名管理专家 王育琨

第一节　专业化战略

客观来讲，经营企业往往要求规避风险，而不把鸡蛋放在同一个篮子的多元化企业经营是一种很好的战略选择。这种理论所成就的企业数不胜数，最典型的企业莫过于华人首富李嘉诚旗下的长江实业与和记黄埔了。这两个企业涉及的行业有贸易、物流、码头、电子、电信和房地产等。

因为李嘉诚多元化成功了，很多人愿意相信多元化。万科董事长王石分析说："香港市场是一个特例，弹丸之地，所有香港市民都在为两个行业打工，一个银行，一个房地产，所以出现李嘉诚是必然。""有多元化做得很成功的，一定是那个时代的经济很无序，在很粗放的时代才能够脱颖而出。比如通用电气，通用电气曾经有100多种行业，随着时间的推移，经济环境的变化，减到现在的十几种行业，它的多元化是减法的多元化，方向上是朝向专业化的。"

在20世纪80、90年代，中国内地企业曾掀起了一番多元化的浪潮，1992年，海尔结束了长达7年的专业化阶段，从冰箱扩展到洗衣机、电视、

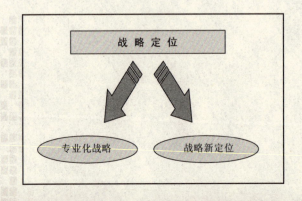

DVD、小家电、电脑、手机等行业，同年，珠海巨人集团做出了多元化的决定，斥资 5 亿推出了电脑、保健品、药品三大系列 30 多个新品。

在中国企业多元化倾向越演越烈的同时，任正非的目光却很超前，他早早地就提出专业化的经营战略。

在《华为公司基本法》第一条规定：

为了使华为成为世界一流的设备供应商，我们将永不进入信息服务业。通过无依赖的市场压力传递，使内部机制永远处于激活状态。

任正非信奉"将所有的鸡蛋都放在同一个篮子里"。无论是在业务选择还是在研发投入上，这种专业主义的坚持，至今折服着诸多企业家。联想董事局主席柳传志将任正非的路比喻成敢从珠峰走南坡，柳传志说："这本身就使我对他充满敬重。"与平滑的北坡相比，南坡的艰险更需要攀登者的勇气。

著名管理专家王育琨分析道："华为固守通讯设备供应这个战略产业，除了一种维持公司运营高压强的需要，还为结成更多战略同盟打下了基础。商业竞争有时很奇怪，为了排除潜在的竞争者，花多大血本都不在乎。在通讯运营这个垄断性行业，你可以在一个区域获得一小部分的收益，可是在更多区域运营商们会关闭你切入的通道。任正非深知人性的弱点，守护着华为长远的战略利益。"

华为总裁任正非是从一开始就明确了专业化中的奥妙。而全球最大的住宅企业万科则走了一段弯路。万科董事长王石在万科成立五六年之后，介绍万科做什么的时候，他是这样告诉别人的："告诉你万科不做什么反而比较容易，万科除了军火、黄赌毒不做之外，什么都做。"然而，王石最终在 1993 年确立了万科行业上的专业化选择。至于原因，1999 年，王

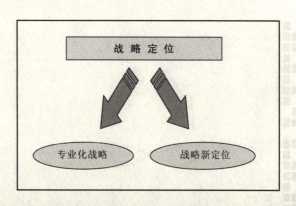

石在接受财经记者陆新之采访时详细解释道：“企业做到 10 个亿的时候，你再往上做就非常困难了。你会发现你的资源本身就不多，人力资源、资本资源，实际上你本身就只有这么点儿资源，又被分到十几个行业当中去。绝对不能一味追求大规模，因为如果一味追求大规模又不能做到，再砍掉，规模不是反而越来越小了吗？我们慢慢发现，房地产市场在中国刚刚开始，市场非常大，而且能够维持比较长的增长时间。其次，市场很大，没有垄断，我们就选择了房地产。我们曾经选择做录像机，但是已经有 9 个国家定点的厂，每年进口的指标都分给这 9 家，所以根本行不通。已经确定做房地产后，万科开始做减法。因为资源集中了，虽然调整时期恰好是房地产非常不景气的时候，1992 年、1993 年因为宏观调控，很多人不做房地产，但到了 1998 年房地产真正热起来的时候，万科情况很好。”

　　战略管理大师迈克尔·波特在来到中国接受《对话》采访时曾这样说过：“多元化是很难成功的，证据表明很多多元化经营的公司都失败了，这些公司又回到他们核心的业务，发觉只有这样他们才能成功。所以你必须要非常小心多元化，多元化的工作必须要确保，你必须确保你有一些优势，从老的业务中移植到新的业务中。这中间要有一种合力产生。我们讲的这个合力是很难实现的，所以我认为典型的误区，是在经济的发展中，大家多元化分散得太广了，因为有很多的机会，有很多发展的市场，你只看到到处都是机会，你就会去做很多不同的事情。所以我想提醒你们注意，不要掉到这个陷阱里去。”

　　早在 2004 年 6 月，就在 TCL 集团公司董事长兼总裁李东生宣布其宏伟蓝图之前，曾经与 GE 前首席执行官杰克·韦尔奇有过一次尴尬的对话。当时他急于想知道曾经管理过 GE 北美彩电业务的韦尔奇是否有扭亏为盈

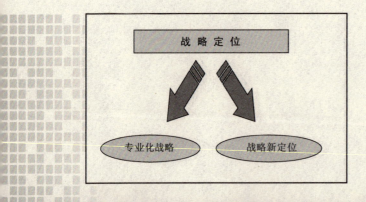

的妙招，但是韦尔奇的回答却让他失望了："我当时赚不了钱，就把它卖了，我没有任何办法让这个业务赚钱。"韦尔奇这个建议的深层次含义其实就是要聚焦于自己的核心业务，把非核心的业务剥离出去。如今，李东生终于也开始了"归核运动"。经过一番资本运作之后，目前 TCL 的核心业务其实只保留了彩电和手机。

20 世纪 80 年代，韦尔奇上任之初，针对通用电气涉足行业过于分散、公司整体绩效不佳的情况，他领导发起了一项声势浩大的"数一数二"的运动，凡是不能进入行业前两名的产业部门都要撤销，这项运动使通用电气在改善多样化经营方面发挥了积极作用。由分散投资走向集中经营，这是韦尔奇在战略上的聚合思维。

在企业的发展过程中，最容易犯下的一个错误就是，在增长的诱惑之下，"收容"了太多并不是自己特长的某些业务。这些业务或者与其他的业务没有太大关系，成为企业里的一个孤立点，或者有时候它们甚至还会危害到其他业务之间的正常关系，因此，随着企业的不断发展壮大，这些业务渐渐成为企业成长道路上的一个巨大包袱。这个时候，不失时机地卸掉这些包袱无疑是一个明智的选择。迈克尔·波特表示，企业应该出售那些与其他业务之间没有重要的关系或者阻碍别的业务之间进行共享的业务。

第二节　战略新定位

联想董事局主席柳传志把制定战略比喻为找路，"在草地、泥潭和道路混成一片无法区分时，我们要反反复复细心观察，然后小心翼翼地、轻手

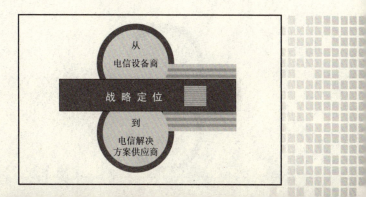

轻脚地去踩、去试。当踩过三步、五步、十步、二十步，证实了脚下踩的确实是坚实的黄土路时，则毫不犹豫，抬腿就跑。"

同样，当华为探明了自己所要走的道路之后，在所要走的道路上迅速奔跑着。

"十多年前，华为坚持以'电信设备商'为战略定位，华为在 1998 年推出的《华为公司基本法》中列有一条：'为了使华为成为世界一流的设备供应商，我们将永不进入信息服务业！'然而，电信设备市场的风云变幻出乎华为公司创始人当初的预料——传统的电信设备行业的辉煌期太短了！如今西门子已经退出了电信市场，北电、摩托罗拉这样曾经很风光的老牌电信设备商已走向没落，华为也不得不打破当初的'永不进入信息服务业'的承诺。尽管电信基础网络还是华为的核心业务，但是华为的业务发展更加注重从'硬'到'软'的层面倾斜——不仅重视电信服务业务，对互联网业务也早有谋划。因为华为已经认识到，在互联网时代，电信只有与互联网融合，才有生命力。"2009 年 6 月，《世界计算机》记者李云杰分析道。

如今，华为的新定位是：全球领先的电信解决方案供应商。

"华为只能转型为互联网与电信融合的 ICT 基础架构供应商，因为互联网与通信融合的结果是，未来将很难界定谁是电信运营商，谁是互联网或媒体公司，谁是电信设备商，谁是 IT 厂商。"华为负责互联网战略研究的某位负责人说。

松禾资本管理有限公司董事长罗飞分析称："随着全球 3G 时代到来，任正非看到了一个机会，一个华为可能成为行业第一的机会。在 3G 之前，华为在服务器、交换机、移动通讯三个领域都是全球第二，分别排在思科、

从
电信设备商
战略定位
到
电信解决
方案供应商

朗迅、诺基亚之后。因此是在三个不同的领域，与全球老大竞争。而3G时代，对运营商提出了新的需求。就是要求供应商有'移动互联网综合方案'的提供能力，而多项第二的华为，无疑具有排在第一的综合能力。看到这个机会，任正非把华为定位为：在3G环境下的'方案提供商'和'系统服务商'。在新定位中，他说华为要做的事有两件：一是做网络铺设的'管道工'，做好管道建设施工；二是管道铺设完成后，给客户提供'计费和服务系统'。"

2010年1月，华为企业业务产品线副总裁杨晨在接受《通信产业报》记者逄丹采访时表示："华为非常重视企业市场的发展，企业业务产品线专注于为客户提供前瞻的解决方案和服务。经过2008年和2009年的努力，华为已经和全球50家知名运营商中的36家运营商建立了深厚的合作关系。同时，华为企业业务产品线致力于为企业网市场的发展建立一个成熟健康的生态系统。"

华为技术有限公司高级营销专家孙亦开在"2007年手机多媒体应用大会"上说道："在流媒体领域里面咨询公司统计报告指出在未来两年3G的用户会达到5亿以上，通过3G看流媒体业务，体验新的业务会超过1亿，也就是1/5以上用户使用3G最主要是体验这种业务，收入可以达到60亿美元，每个用户每月为3G业务付5美元以上。当然增长最快的区域首先是美洲、西欧和亚太。

"我们现在做好准备了吗？全球有250家运营商已经做了准备，其中绝大多数运营商是我们所说的，85%运营商准备采用3G的技术，基于移动微蜂窝技术，其他15%会采用基于DVB和DMB技术。在250家运营商里面会有200家以上来支持移动流媒体技术。移动流媒体如何在3G时代

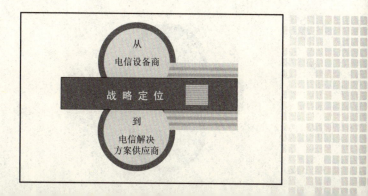

从
电信设备商

战略定位

到
电信解决
方案供应商

7

成为一个杀手业务，它应该是产业链的整合，在各个领域互相密切配合，使它不断发展，后面有一个发展趋势，这主要分五部分，华为公司的分析基于 Gartner 的模型。五个阶段是这样的，起步阶段，业务触发期，然后是泡沫或膨胀阶段。其中第三阶段是低谷，处于泡沫破灭，期望值很低的阶段，逐渐恢复到进入成熟期。在预期中，虚拟生活在移动领域和互联网领域炒得比较火的，现在认为是很有前途的，但是通过数学分析的话，业务是有一个发展先后顺序的，也就是说在我们这里，我们认为，最先发展的，通过 2G 也可以看到的，digital music 实际上是横轴的成熟度和纵轴对它的预期，这有一个曲折前进的关系，并不是正向的增长。我们预期 P2P、CDN，这些都是在近三年内实现，在日本、阿联酋以及欧洲的法国电信以及沃达丰，基本上是采取这个模式发展。根据产业链成熟情况来发展各种业务。"

百度的搜索平台每日承载来自 138 个国家、数亿次点击访问的海量数据处理，这对服务器的容量及存储性能来说，是一个极大的挑战。为定制高性能的搜索服务器，百度将求助之手伸向了华为。

如今电信与互联网已日益融合，ICT 成为未来的发展方向。尤其是随着 3G 时代的到来，以移动互联网为代表的移动数据业务已呈现快速增长的趋势，传统的互联网业务正在加速与移动通信进行融合。全球主流运营商，以及各 CP/SP 都已将 ICT 作为其业务发展的战略重点。在 ICT 基础设施最为关键的服务器领域，华为发挥了在电信与互联网领域的综合优势，可提供技术领先的服务器产品和端到端的支撑服务。在不到半年的时间里，华为与百度多次就 SSD 存储技术在服务器上的应用进行了密集的交流和探讨，针对难点技术多次攻关，终于在 2008 年年中向百度交付了第一批采用 SSD 领先存储技术的高性能搜索服务器，使搜索服务器的读写速度提升了几十倍。

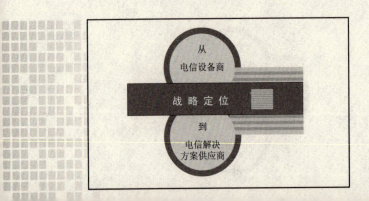

迈克尔·波特：战略定位的三个出发点

战略定位有三个不同的原点，它们并非相互排斥，而是经常重叠。

首先，定位可以以提供某行业的某类产品或服务为原点。我把它称为基于种类的定位，即基于产品或服务种类的选择而不是基于客户细分市场进行战略定位。只有当公司通过其独特的运营活动提供最好的特定产品或服务时，基于种类的定位才具有经济意义。

采取这一定位的典型例子是吉菲·罗伯国际公司（Jiffy Lube International）。这是一家专营汽车润滑油的企业，不提供汽车维修与保养等其他服务。与综合汽修商店相比，其价值链提供的是更低廉、更快捷的服务，这样的组合非常具有吸引力，以至于许多顾客决定分别进行采购，润滑油从业务专一的吉菲·罗伯那儿零买，而其他服务则仍然从其竞争对手处购买。

客户之所以选择吉菲·罗伯国际公司，是因为看中它在某一特定的服务领域拥有性能卓越的价值链。基于种类的定位面向的客户范围很广，但是大多数情况下，这种定位只能满足他们需求中的一小部分。

定位的第二个原点是，满足某一特定客户群的大部分或所有需求。我把它称为基于需求的定位，这更接近于传统的目标客户定位的观念。

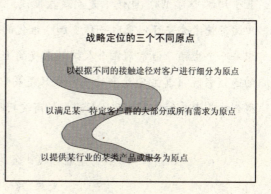

战略定位的三个不同原点

以根据不同的接触途径对客户进行细分为原点

以满足某一特定客户群的大部分或所有需求为原点

以提供某行业的某类产品或服务为原点

9

　　例如，在个人理财业务中，贝西默信托基金公司将自己的服务对象锁定在那些可投资资产不低于500万美元并希望储蓄资金和积累财富兼顾的富裕家庭。通过为每14户家庭指派一名经验丰富的客户服务主管，贝西默公司围绕着个性化服务展开运营活动。例如，选择在客户的农场或游艇而不是公司的办公室与其会晤。贝西默提供一系列针对客户要求的服务，其中包括投资与不动产的管理、油气资源投资的监督，以及对赛马和私人飞机等个人资产的核算。对于大多数私有银行而言，贷款是它们最主要的业务，但贝西默的客户却很少需要贷款，贷款在客户的资产负债表和损益表中仅占很小的一部分。尽管贝西默的客户主管薪酬颇丰，人员成本在营业费用中所占的比重很大，但是其针对家庭的差异化服务还是为它带来了非常可观的投资回报，回报率远远高于其他主要竞争对手。

　　定位的第三个原点是根据不同的接触途径对客户进行细分。虽然不同客户的需求有一定的相似性，但是为了接近这些客户而设计的运营活动应该有所区别。我把这样的战略定位称为基于接触途径的定位。

　　以美国卡麦克院线（Carmike Cinemas）为例。该公司专门在人口不到20万的小城镇运营电影院。在规模如此之小且不能承受大城市票价的市场中卡麦克是如何实现赢利的呢？说起来也很简单，就是通过一系列精心设计的运营活动降低成本结构。它为小城镇的观众提供标准化、低成本的影院设施。公司自主开发的信息系统和管理流程降低了影院对劳动力的需求，每一个影院仅需一名经理就够了。此外，集中采购、廉价的租金和劳动力成本（由于影院都在小城镇）以及极低的经营管理费用（仅为2%，而行业平均水平为5%）也使卡麦克获益匪浅。尤其值得一提的是，在小社区中运营使卡麦克可以采取一种更加个性化的营销方式——影院经理几乎认识每一个主顾，他常常靠个人接触来提高上座率。作为几乎独霸所在市场的连锁影院（其主要竞争对手常常只是高中的橄榄球队），卡麦克不仅能得到非常卖座的电影，而且在同发行商谈判时也常常能争取到更好的条件。

（本文摘编自《什么是战略》，作者：迈克尔·波特，

来源：《哈佛商业评论》，2004年1月号）

亨利·明茨伯格：制定战略要向手艺人学习

　　一提到战略规划，出现在我们脑海中的很可能是这样一个层次分明、有条不紊的场景：一位或者一群高级经理，坐在办公室里制订行动方案，其他所有人遵照该方案来执行。这一场景的主题是推理：理性控制，对竞争对手、市场以及公司的优劣势进行系统分析，把这些分析结合起来就能产生清晰、明确而又成熟的战略。

　　我们再想象一下以做手艺的方式制定战略，就会出现一个截然不同的场景。这两个场景之间的差别，就好比手艺之于机械化。手艺令人联想起传统技艺、专注以及对细节的完美把握。浮现在脑海中的，更多的不是思考和推理，而是自身的参与——是工匠与材料之间那种水乳交融的感觉，这种感觉来自长期的经验与投入。战略的制定与执行融合在一个流动的学习过程中，通过这个学习过程，富于创意的战略得以发展成形。

　　我的观点很简单：手艺式场景能更好地描述有效战略的形成过程；而规划式场景尽管流传深广，实际上却歪曲了这一过程，误导了那些毫无保留地接受这种方式的组织。

　　如果我们把手艺人当做只有一个人的组织，就会看到他同样必须解决战略家所面临的重大挑战：深入了解组织的能力，以便深入地思考组织的战略方向。从单个人的视角来思考战略的制定，抛开战略咨询行业套用的条条框框，我们会对战略在公司内部的形成过程有所了解。就像陶艺人必须掌控他的手艺一样，管理者也必须像做手艺一样来制定战略。

陶艺人一坐到转盘前，心思就放在了面前那团陶泥上，但同时他也意识到自己是坐在过往的经验与未来的前景之间。他清楚地知道过去有哪些东西可行，有哪些东西不可行。他对自己的作品、能力和市场都非常熟悉。作为一名手艺人，他是在感觉这些东西，而不是在分析这些东西；他的知识是"隐性的"。当他动手制作陶艺的时候，所有这些都在他的脑海中盘旋。转盘上出现的作品，既可能沿袭过去的风格，也可能突然转换成另外一种格调。即便如此，"过去"仍然在发挥其影响，把余威投射到未来的作品之中。

在我的比喻中，管理者就是陶艺人，而战略就是他们手中的陶泥。就像陶艺人一样，管理者站立在公司昔日的能力与未来的市场机会之间。假如他们是真正的手艺人，那他们就应该像陶艺人熟悉陶泥一样熟悉自己手头上的工作。这就是战略手艺化的精要所在。

（本文摘编自《战略手艺化》，作者：亨利·明茨伯格，

来源：《哈佛商业评论》2006 年 4 月号）

万科：专注住宅开发

万科企业股份有限公司成立于1984年5月，是目前中国最大的专业住宅开发企业，也是股市里有代表性的地产蓝筹股。在王石的带领下，万科通过专注于住宅开发行业，建立起内部完善的制度体系，组建专业化团队，树立专业品牌。

■ 将资源集中在房地产

在中国企业多元化倾向越来越明显之时，王石的目光却很超前，他早早地就提出专业化的经营战略。与别人裁减或出售企业不同的是，王石所出售的万科企业都是在盈利的情况下被卖掉的，有的至今还在所属行业内占有一席之地。

王石在接受《21世纪经济报道》采访时说道："至于说选择行业上的专业化是从1993年才确定的。1993年之前，政策一年一个变化，万科每年都有新的业务，每年都赚点钱，但只能跟着政策走，后来发现操作非常困难，所以到1993年决定把主业确定为房地产，之后就一直做到现在。"

2003年，王石在接

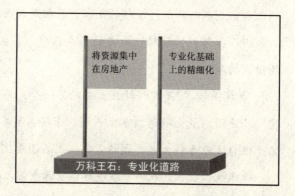

受北青网在线采访时谈到了当初选择房地产的原因，他说道："万科原来是搞多元化经营的，（虽然）什么都赚钱，（但是）在赚钱的行业当中，各个行业中，市场的占有率是很有限的，换句话说，各个行业的发言权也是很有限的。应该在这种专业化当中选择一个行业，比较结果就是选择了房地产。之所以选择房地产有两点考虑。一个就是（房地产）行业有非常好的发展前景。有的行业非常好，但是有可能饱和了，进去就不是很好。第二就是这个行业有一个很大的发展前景，但是这个的门槛非常低，很多的行业，比如说金融、保险大家都看好，媒体和传媒都看好，但是不是说能进去就能进去，门槛非常高。而房地产有很好的前景，而且门槛不高，所以选择了房地产……为什么房地产这么蓬勃发展，懂和不懂的都进入房地产，而且有很多的经营成功的例子，这恰恰说明，这个行业没有形成一个垄断和门槛。"

王石的考虑是，房地产业虽然需要大量的资金，但不是一个高科技开发的行业。资金，对于一个上市公司不是最大的问题。再者，房地产业中，第一，到目前为止没有形成垄断行业，每一家企业所占市场份额极小，因此，万科在房地产行业内做大做强，不会遇到强大的竞争对手。此外，房地产业规模庞大，且快速增长，中国的房地产市场规模上万亿，并且连续以20%左右的速度增长，因此，即使只占2%的市场份额，也很容易做到每年两三百亿的销售收入。而中国的城市化率不到30%，城市化的过程必然需要大量的住宅建设。

从1994年起，万科开始分期转让在全国30多家企业持有的股份。与别人卖企业不同的是，万科的几家企业都是在盈利状态下被卖掉的。

1997年万科协议转让出去的扬声器厂，其生产的电话机喇叭占国内市场份额的40%。

"怡宝蒸馏水"是万科转让出去的另一个产品。当王石要卖"怡宝"时，"怡宝"已是国内最大的蒸馏水生产厂，市场占有率位居广东水饮料市场第一名。但为适应万科长远发展的需要，王石还是把它卖了。

对非核心业务，万科坚决进行了资源重组，把怡宝蒸馏水等较有潜力，同时投资较大的企业出售重组。因为万科已不适合对其非核心业务进行更多的投入，将"怡宝"等成长型业务出售反而更有利于它自身的发展。而万科也将这个思路一直坚持下去，直到2001年，万科把辛苦10年打造的名牌零售业公司万佳百货也全部售予华润创业。

　　当时，交易的三方分别是万科、万佳和华润。可以说，这一次交易对三方的发展均产生了积极的影响。在万科第十二届五次董事会上，决议将万科持有深圳市万佳百货股份有限公司全部股份转让给中国华润总公司及下属公司，万科将集中资源于房地产开发，不再投资零售行业，也从那时起，万科历经多年的专业化战略调整已全部完成。

　　很多人对万科卖掉万佳表示不解，万科内部也反复比较过：两个行业都有前途，但要做到最好都需要全力以赴，所以只能选择其一。当时万佳的零售业务在广东省排第一，在全国排第十四位，而地产业务在全国排第一。所以，万科选择了地产。王石表示，如果万科选择做最大的企业，就会做零售。卖完万佳，王石松了一大口气。

　　2001年，王石在接受《粤港信息报》采访时笑称："再卖就要卖王石了。通过万佳的转让，万科已经完成从多元化向专业化的调整，再往下就不是要卖，而是买，减法要变成加法了"。"麦当劳、可口可乐、沃尔玛，前者是经营连锁店，可口可乐是经营无酒精饮料，而沃尔玛是连锁超市，从以上三个企业看不出专业化经营有什么风险，单一主营是否会产生风险，主要是看市场，中国的房地产市场刚刚起步，在这样大的一个市场中就不会有多大风险。"

　　直到今天，王石还是很喜欢跟企业和社会公众人士讲"万科的教训"。他承认，万科在上市的头五年里，走了多元化的道路，投资带有一定的盲目性。等到意识到的时候，要做调整已经很不容易了。王石表示："万科在1993年至1997年的五年时间里进行了专业化的调整，付出了相当的代价。一些犯同样错误的公司现在才开始进行调整，就有些为时过晚了，有不少成为资产重组的目标。"

　　2001年，王石在接受财经记者陆新之采访时说："做哪一个行业可能

15

到头来原理都差不多，就是一定要坚持下去，才能做大做好。1999 年之前的形势虽然艰苦，但是总有人能够坚持下来。而对于专业化之路真正的诱惑是在 1999 年。一些典型的房地产公司，在过去市场不好、最艰难的时候坚持下来了，但是等到外面出现了诱惑，却耐不住寂寞，匆匆放弃了自己的特长，转移了业务，要去做生命科学，还有 IT 项目，到头来自然是两手空空。"

对于万科进行减法取得的效果，中国证券报《万科专业化调整显成效》一文中曾这样写道："根据万科 2002 年度年报显示，公司房地产结算面积、结算收入以及结算净利润分别达 112 万平方米、44.2 亿元和 3.82 亿元，同比分别增长 62%、32% 和 69%。这些所述指标说明万科继 2001 年在成功剥离零售业务后，多年的业务专业化内部调整已经完成，随着该效益逐步显现，房地产业务将受惠于公司成功的规模扩张策略，在未来年度继续实现高速增长。自 1999 年以来，万科开始就房地产业务实施集团市场和规模扩展战略，这正是 2002 年业绩大幅增长的核心所在。"

万通董事局主席冯仑对王石这招"一招鲜，吃遍天"的专业化经营策略深有感慨："专业化的战略决策十几年坚持下来，使万科能够走到今天，而且成为一个最具有代表性的行业老大。不仅如此，它已经开始向全球住宅公司第一的高峰冲刺。"

事实上，万科的减法一直在持续着。王石在接受新浪网采访时说道："减法，万科现在搞住宅，实际上万科减法还在做，不是说到头了，我们在减什么呢？比如说万科过去生产营销，但这个营销都是非常大的，我们从专业分工来讲是把它社会化减出去，原来这个人员可能占 25%，最大的一部分人员，三年前 90% 的产品是万科自己销售，现在已经 100% 的自己销售，这个也减出去了。第二个财务人员，很多都是发票、报销、凭证，都是简单的重复劳动，都不是创意的，这个人员很多，也减出去。所以现在由会计师事务所来给万科做账，然后我们也发现人员队伍构成也变了，我们现在物业管理人员 10000 人，3000 人是白领，1500 人是工程师，就从营销公司向技术公司转化。"

如今，"万科"这个名字已经功成名就，它是中国房地产业的老大。2008年，王石在接受《数字商业时代》采访时说道："决定只做房地产是很困难的选择，只做住宅就更难。我们做这个决定是在1993年，实施是1994年。但是1993年5月份开始宏观调控，整个房地产市场极端不好，这就面临其他的选择——只做房地产行不行得通？当时我非常明确，因为这是一个战略选择，让我们从机会导向型，变成目标导向型的企业。

"目前我们依然面临这样的选择，现在仅做住宅会非常好，但是会不会一直好呢？管理层会提出疑问，我们要做储备，要做多元化的准备。但我曾经说过这样的话：只要我做董事长，你们就不要想（多元化）了。至于说我不当董事长了，新的决策班子怎么决定我管不了。

"到了2007年，我的话有所改变，我说万科永远只做住宅，其他什么都不做。很多人怀疑，住宅总有萎缩的一天，不仅城市住宅会萎缩，总有一天城市不需要住宅了。但是我所能说的是，最后一套住宅将是万科盖的。我离开万科时，当然，不久我也会离开这个世界，万科如果改变策略，我从棺材里也要伸一只手出来干涉，这就是我坚持的概念。"

曾有人对2004年做减法的联想和已做了很多年减法的万科做了一番比较，认为这两家企业虽然都做减法，但是骨子里却不一样。联想的减法更多是因为形势所迫，所以做得很辛苦，而万科在1996、1997两年中剥离的怡宝食品、扬声器和万科供电都是当时很挣钱的业务，王石也承认剥离这些业务是他在万科生涯中最难做出的决策。但他更认为，万科20多年来最幸运的是，万科遇到问题的时候比其他公司都要早一些。

王石对自己选择房地产行业的这个决策感到特别满意，他曾这样说道："万科发展到现在，我个人特别幸运，选择对了行业，选择了房地产。为什么叫幸运？IT、家电行业竞争之惨烈有目共睹，但是房地产行业怎么样呢？按照美国和日本的市场情况，前五位的地产企业平均市场占有率是3%，万科在2003年是0.99%。我们假定10年之后，万科可以达到3%，相应的销售额将是1000亿人民币。当然，如果排在第一位，它应该占到5%以上。也就是说，我们不用特别地努力，不用特别地用心。房地产行业地域性非常强，在国际整合中，不是要和国际性企业的产品竞争，整合是在资本市场当中。换句话说，我们最后充其量扮演的角色是雇佣军。"

■ 专业化基础上的精细化

万科之所以取得如此骄人的成绩，基于王石对万科发展的深刻认识。1998 年，王石在接受财经记者陆新之采访时说："万科在 1993 ～ 1997 年的 5 年时间里进行了专业化的调整，付出了相当的代价。一些犯同样错误的公司现在才开始进行调整，就有些为时过晚了，有不少成为资产重组的目标。从 20 世纪 90 年代中期开始，万科开始从多元化向专业化方面进行调整：以房地产业为主业，以住宅为核心，以调整业务、盘活存量为目标。事后证明，这种大调整起到了翻天覆地的变化，因为定位于专业化的房地产发展，万科从此步入了我国房地产企业的领先地位。此外，万科不仅仅从多元化向专业化进行大转变，而且还在专业市场中进行再次细分，从中选择了以城市中、高档民居为主，从而改变了过去公寓、别墅、商场、写字楼等什么都干的做法。"

第 2 章　国际化战略

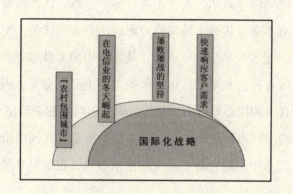

华为开拓国际市场，还是沿用国内市场所采用的"农村包围城市"的先易后难策略。华为凭借低价优势进入大的发展中国家，这能规避发达国家准入门槛的种种限制，而且海外大的电信公司难以在发展中国家与华为"血拼"价格。

"二战"后，日本企业的国际化之路是以廉价取胜的出口模式获得成功的，缔造了如丰田、索尼等开疆辟土、驰骋国际市场的神话。纽约市前副市长Peter J.Powers 接受《IT 时代周刊》采访时说，日本汽车制造商成功地进入了美国市场，而且实实在在地将自身融入美国主流经济，可谁会想到当时很多美国人对日本汽车深怀敌意呢？日本成功地进入美国市场，最显而易见和突出的因素是他们对美国经济的庞大投资和潜心发展千丝万缕的经济联系，而这种努力也来自于精心策划的长期战略。中国企业在进入国际市场时，也需要对各个方面精心谋划，以便更加深入国际市场。

HUAWEI 第一节 "农村包围城市"

2007 年，国内曾经出现过一次"国际化路径"之争。有人认为，中国企业的国际化应该学海尔，走"先难后易"道路，认为只要把美国这块最难啃的骨头啃下来，其他市场则迎刃而解。有人则认为，中国企业国际化应该学 TCL，走"先易后难"道路，从发展中国家做起，积累经验再进入发达国家。现在回过头来看，这个争论实际上毫无意义。因为，如果企业不建立属于自己的核心竞争力，从什么样的市场做起都难保成功。

在华为的国际市场战略中，有很多都是借鉴其在国内市场的成功经验而制定的。因为中国是世界上最大的通信市场，也是竞争最激烈的国际市场。

1995 年，中国通信市场竞争格局发生剧变，国内、国际市场的竞争空前激烈。一方面，国际市场萎缩直接威胁中国企业国际市场的拓展；另一

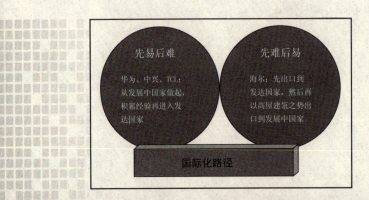

方面，国际通信设备巨头在国外出现需求紧缩的情况下加大了在中国市场上的攻势，给华为等国内企业造成很大的竞争压力。

当时，世界上所有的通信巨头都活跃在中国市场，而且还垄断着中国市场，也就是业内所说的"七国八制"。"中国的电信市场规模巨大，而且一开始就面对的是强大的国际竞争对手，可以说竞争非常激烈。所以，中国市场摸爬滚打的经验可以给华为走向国际市场提供难得的经验。"1996年就开始在俄罗斯拓展市场的华为常务副总裁费敏回忆说。国际化的竞争就在家门口展开。华为的国际化成了"逼上梁山"的选择。华为的决策者清醒地看到，国际化正是华为度过"冬天"的唯一出路。

华为开拓国际市场，还是沿用国内市场所采用的"农村包围城市"的先易后难策略。华为凭借低价优势进入大的发展中国家，这能规避发达国家准入门槛的种种限制，而且海外大的电信公司难以在发展中国家与华为"血拼"价格。

世界如此之大，东方不亮西方亮。你欧美跨国公司吃欧美市场的肥肉，我可以先去啃亚非拉市场的骨头。不能正面碰撞，我先迂回侧翼。1995年，华为启动了拓展国际市场的艰苦漫长旅程，起点就是非洲和亚洲的一些第三世界国家。这和当时华为的技术水平是相吻合的。这些新兴市场电话普及率低，进入门槛低，同时也是许多大公司忽略的地方。这些市场同中国初期发展的电信市场有相似之处，这使得华为在中国市场积累的丰富经验有了用武之地。

对于当时走出国门时的艰难，任正非曾这样描述：

当我们走出国门拓展国际市场时，放眼一望，所能看得到的良田沃土，早已被西方公司抢占一空，只有在那些偏远、动乱、自然环境恶劣的地区，

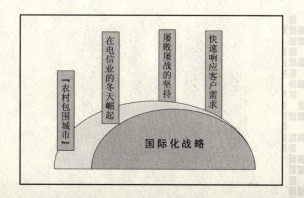

『农村包围城市』　在电信业的冬天崛起　屡败屡战的坚持　快速响应客户需求

国际化战略

他们动作稍慢，投入稍小，我们才有一线机会。为了抓住这最后的机会，无数优秀的华为儿女离别故土，远离亲情，奔赴海外，无论是在疾病肆虐的非洲，还是在硝烟未散的伊拉克，或者海啸灾后的印尼，以及地震后的阿尔及利亚……到处都可以看到华为人奋斗的身影。

谈到在非洲市场的拓展经历，当时负责开拓非洲市场的邓涛感受颇多："刚到非洲，面对25个国家、4.5亿人口、地盘差不多是中国两倍的一个陌生市场，没有人知道华为公司，甚至都不太了解中国，一切都要从零开始。非洲地区和印度、巴西、俄罗斯这些大国不同，国家分散，你不出差就死定了。1998年我基本上都是一个人频繁跨国出差，那年在肯尼亚，居然两个月没讲过汉语。几年下来，飞机坐了不知道多少趟，从波音到蜻蜓飞机，光护照就用掉了3本。"

2000年之后，华为开始在其他地区全面拓展，包括泰国、新加坡、马来西亚等东南亚市场，以及中东、非洲等区域市场。特别是在华人比较集中的泰国市场，华为连续获得较大的移动智慧网订单。此外，在相对比较发达的地区，如沙特、南非等也取得了良好的销售业绩。

在发展中国家的连战告捷，使华为信心倍增。进入1999年后，华为全线产品都得到了很大的提升，就不再满足于仅仅在第三世界国家发展。

然而当华为在发展中国家有所发展的时候，原来根本不把华为看在眼里的跨国巨头们，这时慢慢地感觉到华为将给它们带来威胁，对华为公司进行一些战略上的遏制和经济上的遏制，来压制华为公司在各国市场的发展。不过，对于华为来说，这样的打压根本无法阻止它的前进。2001年，任正非说道：

我们在应该出击时出击，一切优秀的儿女，都要英勇奋斗，决不屈服去

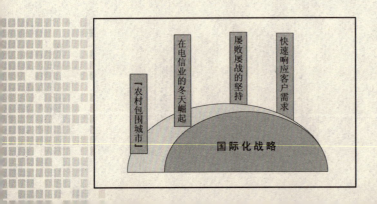

国际化战略

农村包围城市

在电信业的冬天崛起

屡败屡战的坚持

快速响应客户需求

争取胜利。

2003 年，华为决定进军欧洲市场。华为进军欧洲是有一定历史背景的。2003 年思科通过一场知识产权官司将华为逐出了美国市场。正所谓"失之东隅，收之桑榆"，华为转而集中精力主攻欧洲市场，并在随后两年先后突破了 BT、沃达丰、法国电信等欧洲"大 T"，将欧洲变成了自己的"产粮区"。

华为与西门子于 2003 年 12 月签署合作协议，在全球企业网市场，华为将只通过西门子销售华为的 QUIDWAY 路由器和交换机等网络基础产品。作为回报，西门子将逐年扩大华为数据通信产品在欧洲市场的销量。

2004 年，华为在英国设立欧洲地区总部，此举标志着华为海外拓展的重点逐渐从亚非拉发展中国家转向梦寐以求的欧美主流高端市场。

2005 年，在每年一度的由伦敦出口协会及 48 集团俱乐部（前身：英中贸易 48 家集团）联合举办的庆祝中国新年晚会上，华为作为中国电信市场最大的电信设备供应商及全球电信市场快速增长的供应商，获得了最佳中国投资者年度大奖。该活动是英国的一大年度盛事，目的是庆祝中国农历新年及继续加强发展中英两国的关系。

2009 年，华为全球扩张更进一步：华为与全球最大移动通信运营商沃达丰签署加深双方战略合作伙伴关系的协议。根据协议，在今后沃达丰的全球 3G 采购中，华为将为其提供完整的产品解决方案，并获得优先级的供应权。

2009 年 12 月，北欧市场研究公司 Redeye 分析师格雷格·乔纳森（Greger Johansson）表示："华为此前一直在中国市场占据明显优势，但却难以进入其他市场。不过，在过去 2～3 年，华为表现得非常强势和积极，他们

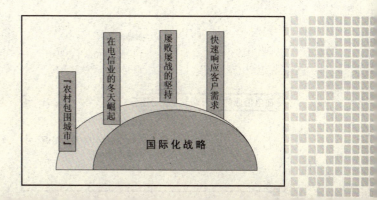

已经成为了爱立信最大的竞争对手。"

第二节　在电信业的冬天崛起

在国内，真正具备国际化视野的企业，无非海尔、联想、华为。前两者只是迈出了国际化的步伐，但一路跟跟跄跄，真正阔步向前的，是任正非引领的华为。

2001 年，在 20 世纪 90 年代中一路高歌猛进的欧美 IT 企业，大多数陷入十年高速增长以来的首次业绩衰退，20 世纪 90 年代的明星公司北电网络更是首现巨亏，欧美市场运营商纷纷收缩开支，设备商们开始感受到来自外部的市场寒意的同时，也首次感受到了来自内部的成本压力。这让嗅觉灵敏的华为，闻到一丝市场的先机。

这里还有另外一个机会，那就是，2001 年 11 月，卡塔尔首都多哈，WTO 第四次部长级会议主席卡迈尔一槌敲下：这个全球最大的贸易组织正式接纳中国为会员。跨越这个门槛，中国用了整整 15 年的时间。

2001 年 1 月，任正非在欢送海外将士出征大会上说道：

随着中国即将加入 WTO，中国经济融入全球化的进程将加快，我们不仅允许外国投资者进入中国，中国企业也要走向世界，肩负起民族振兴的希望。

在这样的时代，一个企业需要有全球性的战略眼光才能发奋图强；一个民族需要汲取全球性的精髓才能繁荣昌盛；一个公司需要建立全球性的商业生态系统才能生生不息；一个员工需要具备四海为家的胸怀和本领才能收获

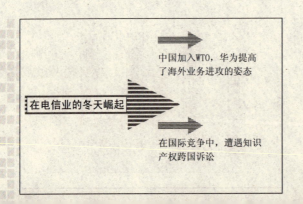

在电信业的冬天崛起

中国加入 WTO，华为提高了海外业务进攻的姿态

在国际竞争中，遭遇知识产权跨国诉讼

24

出类拔萃的职业生涯……所以，我们要选择在这样一个世纪交替的历史时刻，主动地迈出我们融合到世界主流的一步。

华为利用经济低迷带来的机会，从2001年以后提高了海外业务进攻的姿态。2001年，任正非在其题为《迎接挑战，苦练内功，迎接春天的到来》的演讲中谈道：

我们现在要有精神准备，要振奋起精神来。海外情况非常的好。今年独联体地区部、亚太地区部会在上半年开始有规模性的突破。大家知道今年（2001年）一季度我们出口大于内销，国内销售低于出口。当然国内是因为萎缩了一点，但是出口也涨得太猛了一点，与去年同期比增长了357%。今年下半年后，我们认为中东、北非地区部要起来。昨天走在马路上，听了东太平洋地区部的汇报，今年也要销售7000多万美金，在发达地区，发达国家。发达地区中欧洲地区部我还没听汇报。去年（2000年）汇报比较保守的今年也起来了，我想明年（2002年）南美地区部也要起来，南美地区现在在做什么呢？到处在测试，到处在开实验局，这就是市场开始走向新的培育的迹象。

****

我认为有必要动员大家，至少动员在座的部下，要输出一些到海外去，海外的进步是很大的。当时出来时，一些人认为公司不要我们了，把我们扔出来了，出来几年一看，感觉在海外的锻炼很大的，进步很快，成长很快。这是客观事实。新的一年里，我们还会继续遇到困难，其实越困难时我们越有希望，也有光明的时候。因为我们自己内部的管理比较好，各种规章制度的建立也比较好。发生市场波折时，我们是最可能存活下来的公司，只要我们最有可能存活下来，别人就最有可能从这上面消亡。在人家走向消亡时，我们有两个原则，我们应该吸纳别的公司好的员工，给他们以成长、出路的

中国加入WTO，华为提高了海外业务进攻的姿态

在电信业的冬天崛起

在国际竞争中，遭遇知识产权跨国诉讼

25

机会。所以市场部的员工心胸要开阔，能包纳很多优秀员工进来；同时，在座的及你们的部下，要选派一些好的到海外去。加强对中东及好多国家的增兵，增加能量。大家要有新思维、新方法和创造性的工作及思维方法去改善这种市场的状况。

后来正如任正非所计划的那样，根据 Gartner 的统计，华为在电信业最不景气的 2002 年，投入研发的资金占总营业额的比例为 17%。这一比例要高于诺基亚、阿尔卡特和思科。正是华为在研发和技术上的长远储备，为其走向海外打下了坚实后盾。

然而，"太平洋"并不好跨。两年以后，华为将收到竞争对手思科的春节礼物：向华为的软件和专利侵权提起诉讼。这是中国加入 WTO 后，中国企业所遭遇的一起最显著的知识产权跨国诉讼。

HUAWEI 第三节　屡败屡战的坚持

一生屡败屡战，以为民谋求自由幸福为己任的当数孙中山先生。孙中山 1895 年 2 月创立"兴中会"，10 月 8 日广州起义失败，流亡海外。1900 年 9 月在广东发动起义失败后流亡日本。1907 年 5 月第三次起义于潮州黄冈，历六日而败。第四次是 1907 年 6 月命邓子瑜起义于惠州七女湖，历十余日而败。1907 年 7 月徐锡麟起义于安庆，失败殉难。同年 7 月，孙中山主持镇南关起义，再遭失败。据统计，自 1894 年到 1911 年之间发动革命起义事件共有 29 次之多，直到 1911 年 10 月 10 日武昌起义在危难中奋起成功，一举推翻了两千多年的封建帝制，成为中国民主革命的先行者。

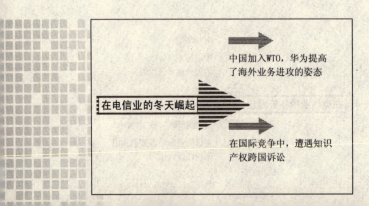

在电信业的冬天崛起

中国加入WTO，华为提高了海外业务进攻的姿态

在国际竞争中，遭遇知识产权跨国诉讼

华为在国际市场的奋斗，也正如孙中山先生的革命历程，"屡战屡败、屡败屡战"，"带着自己的品牌闯天下"。满怀激情的华为人豪迈地走向了世界，然而迎接他们的不是鲜花和美酒。开拓国际市场的艰难程度远远超出了华为人的想象。

1995 年，华为开始走向海外市场。3 年内华为有数十个代表团访问俄罗斯，前后数百人次；俄罗斯代表团也数次访问华为，但任正非认为，华为真正对俄罗斯了解多少，能否打开市场，仍然没有把握。任正非感叹道：

> 梁国世（当时负责开拓俄罗斯市场的华为负责人）每天不断地喊话（通信不好，大声说话），嗓子像公鸭一样。而且孤身一人在俄罗斯工作了这么久。是这种不屈不挠的奋斗精神，支撑他们跌倒了再爬起来，擦干身上的泥水，又前进。是他们在一次一次的失败中，相互包扎好伤口，又投入战斗。

刚开始的时候，华为在国际上的进展很不顺利，偶尔拿到一个几百万美元的订单，就足以让华为感到欣喜。尽管如此，华为还是执著地持续投入，执著地"屡败屡战"。因为华为人深深懂得，作为世界一流的设备供应商，不仅要有过硬的产品、技术和服务，还要有全球化的市场，特别是要拥有一批全球顶级的大客户。另一方面，顶级大客户的订单合同金额巨大，一旦获得，对于设备供应商的稳健和持续发展至关重要。

在国际化的初期，只要听说某国的电信运营商有项目招标，华为的销售人员必然会赶去投标，但许多时候都是失败。不过正是在这些点点滴滴的积累中，华为的国际竞争经验逐渐丰富起来，发展策略也清晰了。华为开始选择一些重点市场重点突破，同时，频频参加世界各大通信展。此外，华为还积极参加国际组织，参与国际标准的讨论与制定。

华为公司常务副总裁徐直军在"中国高科技企业全球化战略研讨会"上，

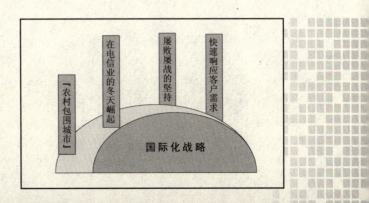

国际化战略

农村包围城市

在电信业的冬天崛起

屡败屡战的坚持

快速响应客户需求

讲到了华为在国际化初期，从屡败屡战到零的突破：

1996 年，年轻的华为确定了全球化战略。但是对于华为来说，除中国外，全球所有的国家和客户，所有的文化和环境，一切都是陌生的。当时华为公司绝大多数员工都很年轻，平均年龄是二十七八岁，基本上家庭条件也不是很好，没有出过国，国外什么样子基本上不清楚。更为不利的是，当时世界上的许多国家对中国并不了解。在这种情况下，华为走出国门时主要选择南斯拉夫、俄罗斯、巴西、南非、埃塞俄比亚这些国家。但是在抵达这些国家后，华为的营销人员下了飞机以后也仅仅只知道中国使馆在哪里，而客户在哪里根本无从谈起。每到一个国家，华为的销售人员首先得花半年的时间解决生存问题，即解决怎么生活的问题，然后再慢慢地摸清客户在哪里。在这段时间里，相当多的营销人员在半年以上基本没有见到客户，即使知道客户的人在哪里，但是很难见到客户。

1996 年，徐直军被派往俄罗斯开拓市场，但是在俄罗斯待了两周时间，根本就没有见到客户，只见到有可能成为合作伙伴的公司以及边缘的做支撑性的机构。徐直军至今很清楚地记得当时他见俄罗斯负责软件部门的领导人时的情形，听说中国公司能够做交换机，俄罗斯人根本就不信，他们第一句话就说，俄罗斯根本不会用任何新的交换机，所以不可能和华为合作。当时徐直军带了交换机的两块电路板和自己设计的芯片，他把电路板和芯片掏出来摆到他们面前。看到中国的技术水平大大超出他们的预期和俄罗斯的水平时，这些俄国人震惊了。他们坐了下来，徐直军打开投影仪开始介绍产品，听完整个介绍以后，俄国人对华为的产品有了兴趣，后来华为进一步和这些机构联系，最终将华为的交换机卖到了俄罗斯。

当时为了见到客户，让客户认识华为，华为的销售人员采用了一个很

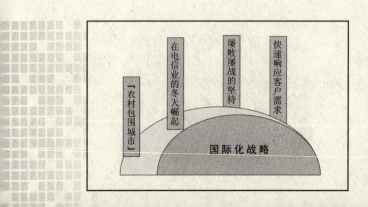

『农村包围城市』　在电信业的冬天崛起　屡败屡战的坚持　快速响应客户需求

国际化战略

"累"的方法，就是做标书，然后把标书送或者寄给客户。"我们当时最大的兴奋就是能够见到客户。其实我们心里也清楚，这些标书送过去不可能中标，因为我们连客户的面都没见过。但是，我们当时希望，标书发过去以后，客户会读我们的标书，通过读我们的标书可能会了解华为，了解华为的产品，这样我们再和他们接触的时候，他们会对华为有一个基本的印象。"徐直军说。事实上后来证明，这种方法是很有效的。

1999 年 8 月，坚持不懈的华为终于迎来了国际市场上零的突破，而且还是个双喜临门——华为在也门和老挝正式中标。

很早以前，任正非就表示"国际市场拒绝机会主义"，对华为而言，国际化是个长期投入的过程，华为国际化是实在投资，目标明确，与只想捞一把就走的公司有着本质的区别。

华为从 1996 年开始拓展俄罗斯市场，开头几年因为俄罗斯宏观经济不好，卢布贬值，总统普京从各方面开始整顿经济，一些国际大的电信设备制造商因为看不到短期收益而退出了俄罗斯市场。但是，华为却坚持了下来，并且抓住俄罗斯电信市场新一轮的采购机会，经过 8 年的蛰伏，最终成为俄罗斯市场的主导电信品牌。2003 年华为在俄罗斯及周边独联体市场实现销售额超过 3 亿美元，俄罗斯分公司 90% 的员工都来自当地。

事实上，直到 1999 年，华为在国际上才形成规模，并建立大的营销和服务网络，该年度华为公司海外销售达 5000 万美元、2000 年实现 1.28 亿美元、2001 年 3.3 亿美元、2002 年 5.5 亿美元、2003 年 10.5 亿美元、2004 年 22.8 亿美元。正是因为坚持国际化战略不动摇，屡战屡败、屡败屡战，经过十年艰苦的拓展，终于在国际市场上取得了较大的成绩，2005 年，华为国际市场销售占总销售额的 58%。

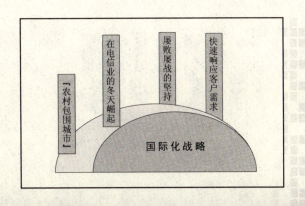

2009年对于被称为"土狼"的华为来说，正是月圆之时。这只潜心修炼多年的"土狼"，迎来了即将变身的关键时刻。美国市场突破是具有决定性意义的一场战役。在华为总裁任正非看来，美国才是他认定的真正意义上的全球主流市场。因为全球电信设备的最大买主大部分集中在北美，这个市场每年的电信设备采购量是全球电信开支的一半。而北美市场的破局，华为足足抗争了8年。

经过多年的拓展，目前华为已在美国、英国、俄罗斯、巴西、新加坡等40多个国家设立了代表处或分支机构，产品已进入了法国、英国、德国、西班牙、巴西、俄罗斯、沙特、埃及、韩国、新加坡、泰国、秘鲁、南非、中国香港等40多个国家和地区。

HUAWEI 第四节 快速响应客户需求

当今的市场竞争，不是大鱼吃小鱼，而是快鱼吃慢鱼。

竞技赛场上，更快的速度意味着领先，阿姆斯特朗、舒马赫、菲尔普斯、博尔特是速度领先的代表。商业赛场上，Intel和AMD、UPS和DHL，甚至谷歌和微软的成功，同样体现了速度对企业成功的重要性。速度之于价值，是创造领先、赢取机会、并成就领导者地位。

对运营商来说，技术的快速演进、终端用户需求和竞争环境的动态变化，使得运营商对速度的追求，已经从应对竞争的短期措施上升为企业的长期战略，快速入市（Fast time to market）——无论是新网络建设、旧网络改造，还是新技术升级，新业务推出——将是运营商未来数年内不变的需求。

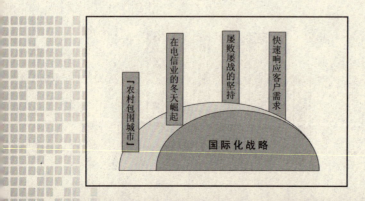

　　因此，服务伙伴快速响应的特质，将成为决定服务是否满足运营商需求的重要标准，而这一特质伴随着华为的文化，已经融入华为服务的血液中。每时每刻，华为服务的项目团队和工程师们，都在世界各地创造着速度的纪录：2008年，华为服务共交付了24万站点，平均每十分钟交付4.5个站点。

　　华为在欧洲很受欢迎。至于欧洲电信运营商为什么选择华为？同样一个问题，《人民邮电报》记者不仅询问了英国Evoxus公司首席技术官Ken Runcorn、法国Neuf公司首席执行官Michel Paulin，也询问了荷兰Telfort首席技术官Wiel先生。原先记者认为，他们一定会提到华为的产品价格便宜，因为价格低廉在一段时间内曾经是中国企业打开海外市场的"通行证"。然而令记者惊讶的是，竟然没有一个人提到这一点。Michel Paulin先生说："他们的技术很好，我多次到华为在中国的总部参观。他们的生产线绝对是世界一流的。更重要的是，他们能够快速作出反应。不管我们提出什么样的需求，他们总是能够在第一时间作出反应。华为的快速反应能力令人惊讶。"

　　华为负责海外市场的副总裁邓涛认为，与外国企业比，中国企业不仅仅有劣势，同样有非常明显的优势。比如，欧洲企业普遍反应较慢，用户提出一个修改建议，他们往往要一年甚至一年半才能改进。而中国企业，只要用户有需求，总是能加班加点，快速反应。一个要1年才改进，一个只要1个月就能改进，优势自然体现出来了。

　　PCCW，是香港最大的信息通信服务（ICT）提供商，提供全方位的通讯服务包括移动通信、固定电话、宽带，以及IPTV等服务。面对复杂的网络覆盖场景带来的业务挑战，PCCW选择了华为作为其合作伙伴，共

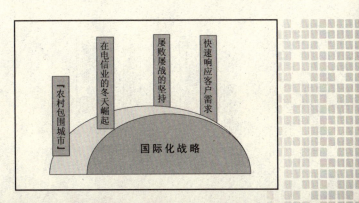

同征服这一电信领域的"珠穆朗玛峰"。对此，PCCW 移动公司副总裁 Frankie 王表示："更好，更快，这是我们选择合作伙伴最关键的标准。华为与 PCCW 之间顺畅的沟通，是实现快速网络部署的最重要因素。我们的要求得到了快速且最大价值的回应。"

可以说，华为在国际电信运营商中已经形成一个快速响应的品牌：华为曾用 3 个月的时间为香港的固网运营商和记开发出了号码携带业务，同样的业务欧洲老牌的设备商此前花了 6 个月尚未完成。华为曾在泰国为 AIS 在 45 天内就完成了智能网的安装、测试和运行工作，这在国外电信设备商看来，一般至少需要半年时间。华为的交付成本和交付效率开始在业界形成良好的口碑。

Gartner 的一份报告认为，以往华为在国际市场上成功的主要优势仍是低成本和低价格。现在，良好的服务、当地化的组织策略和快速响应的机制，应该成为华为的核心竞争力。

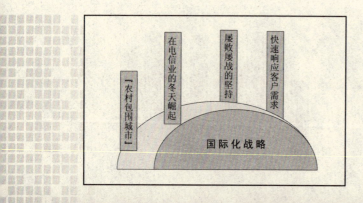

国际化战略

快速响应客户需求

屡败屡战的坚持

在电信业的冬天崛起

"农村包围城市"

HUAWEI DE QIYE ZHANLUE ◎ **附录**

日本企业国际化的经验

日本企业的国际化从 20 世纪 60 年代开始，是一个循序渐进的、缓慢的发展过程，有许多经验值得借鉴。

一、日本企业国际化的五个阶段

近年日本企业国际化的手段主要是对外投资，对外投资以直接投资为主。2000 年～2004 年日本平均每年对外投资为 4.4 兆日元。按区域划分，欧洲占 40%、北美 23%、亚洲 18%、中南美 16%、其他 3%，亚洲份额呈增长趋势；按照国家和地区看，美国占 22.3%、英国 16.2%、荷兰 13.3%、开曼群岛 9.5%、中国 6.2%，对中国投资增长速度较快；从投资行业看，与欧美国家比较，制造业比率较高，金融保险等非制造业比率较低，但近年增长速度较快。跨国公司的数量以每 10 年倍增的速度发展。

日本企业国际化经历了五个阶段，各阶段的目的、选择地区、手段以及投资特点有所不同。

1. 二十世纪 60 年代：出口导向阶段。产品出口主要面向东南亚、拉丁美洲等比日本技术落后、劳动力低廉的发展中国家。行业主要是汽车组装和纤

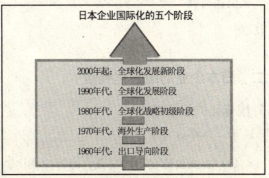

33

维、电子产品等劳动密集型产业。投资形式以合资为主,平均每项投资额只有 100 万美元。

2. 二十世纪 70 年代:海外生产阶段。海外投资的方向发生了质变,从经济落后地区转向发达地区,开始在美国、欧洲建立电器、机械等生产工厂。另外,在中国台湾、香港,新加坡、韩国等亚洲新兴工业国家和地区(NICS 地区)建立工厂,其产品反向出口欧美国家或日本国内市场,投资行业多为劳动密集型。

3. 二十世纪 80 年代:全球化战略初级阶段。特别是 1985 年～1989 年为海外投资快速发展阶段。1989 年创历史最高水平,达到 675 亿美元。该阶段海外投资的特点:一是投资规模大,开始在先进国投资大型工厂;二是投资行业领域、内容发生变化;三是海外投资出资形式多元化;四是投资地区范围扩大。

4. 二十世纪 90 年代:全球化发展阶段。从 1993 年到 1999 年海外投资继续扩大,1999 年为 7 兆 5293 亿日元,达到历史最高纪录。

5. 2000 年起:全球化发展新阶段。从 2000 年开始,海外直接投资额呈下降趋势,从行业看,投资规模大的化学、电机业减少,运输机械业增加;从地域看,北美地区减少,亚洲地区增加。

从日本企业国际化进程可以看到,企业国际化的目的是从出口→出口替代→国际化分工→全球化战略,选择地区从发展中国家→发达国家→全球,国际化手段从合资建厂→散件组装→一体化生产→收购兼并、委托加工→设立研发中心,投资规模由小到大,技术由劳动密集型低技术到资本密集型高科技,行业从制造业到服务业,是一个循序渐进的、缓慢的发展过程。

二、日本企业的国际化经验

1. 国际化的组织结构

有三个阶段性变化:

(1) 企业国际化初级阶段,海外业务少,在总部设立出口部的较多;

（2）随着海外业务、海外子公司增加，需要协调海外子公司以及相关业务部门间的关系，为此设立统筹海外业务的国际事业部；

（3）随着经营全球化的进展，要求制定国内业务和海外业务一体化的经营战略。二十世纪90年代初，日本跨国公司开始设立区域总部。有两种类型：一类是起纯粹控股公司作用，设立的目的是节税或便于收购兼并、投资，如东芝美国；另一类是业务控制，起到真正区域总部的作用，这类企业占多数。与欧美企业比较，日本企业的区域总部独立性相对较弱。

2. 国际化人才

国际化领导是指能够从全球经营角度考虑有效利用经营资源、为企业创造新价值的领导。分为四类：第一类是国际化企业的最高经营者以及经营决策层；第二类是事业部长——业务单元领导；第三类是海外子公司总经理（社长）；第四类是总部职能部门负责人。

3. 国际化型的企业家精神

日本国际化型的企业家精神特征：具有比常人更强的对未知新市场的野心和好奇心；无论如何都要把本公司产品卖掉的开拓者精神；有明确的国际化愿景；是浪漫主义者；对外国人无偏见，有爱心；是国际经验丰富的专家，有较强的自信心和交涉能力；具有比常人更强的语言学习能力；以积极乐观的态度从事国际业务工作。国际化型企业家需要具备的资质：

（1）要有明确的国际化愿景；

（2）要有海外经历；

（3）要有培养关键人物的能力；

（4）要经常亲临海外市场了解情况。

4. 国际化研究开发

日本在海外设立研发机构的模式有二：一是开发导向型，以开发为目的，即为应对本地市场进行产品开发而设立研发机构，以汽车、电机行业为典型；二是研究导向型，以研究为目的，基于总部的国际研究开发战略，利用海外经营资源，进行最前沿技术研究，以IT、医药行业为典型。日本企业二十世纪80年代后期主要以开发导向型为主，二十世纪90年代后才逐步开始建立研究导向型研发机构。

国际研发体制的经验：

(1) 不同的国际研究开发模式，在选址、配置人力资源方面等都不同；

(2) 建立统一标准的研究开发体系；

(3) 发挥研究开发总部的集中管理作用。

三、日本企业的国际化政策及其影响

1. 日本海外援助政策的演变，大体可以划分为3大阶段：二十世纪50年代~二十世纪70年代：改善国际收支平衡的"振兴出口"政策；二十世纪80年代~二十世纪90年代：解决贸易摩擦的"振兴进口"政策；2000年起：新"振兴出口"政策。

2. 日本对外贸易投资援助体系：日本政府在对外投资贸易决策上形成了加速器和刹车关系的机制。经济产业省负责制定对外贸易投资有关法律、政策，具体由其通商政策局负责，国会、财务省负责审核法案以及监督实施。国会和财务省通常对日本企业海外投资和引进外资采取否定、消极态度，利用国际资本进行海外资源开发是得到其肯定的极少例子。

日本贸易振兴机构、日本贸易保险、国际协力银行是日本企业海外投资的主要援助机构，都是日本政府授权或出资的、完全市场化运作的半政府半民间的特殊机构。

未来，日本国家政策支持的两个战略重点方向：一是支持高技术和拥有自主开发产权的企业向海外市场挑战；二是确立日本品牌，通过扩大日本企业的出口，进一步提高对日本产品的评价。

(本文摘编自《日本企业国际化的经验》，

作者：马淑萍、威长东，来源：中国经济报告，2006.12)

索尼国际化带给中国企业的启示

经过 50 年的发展，索尼从一家不起眼的小公司成为国际化跨国公司，是什么促使其迈向国际化的？在这样的时刻，我们反观全球化经营巨子索尼当年的路程，回味盛田昭夫与井深当年在全球化经营上的创造性扩张，或许得以窥见全球化的真谛。

■ 索尼国际化冲动起因：后进小公司想打开国际大市场

历史上伟大的企业家被赋予了敏锐的洞察力，他们能够捕捉到普通人无法觉察的事物，井深就有这种天分。他在战后日本一片废墟之上，洞见了激越几代日本人的索尼精神和梦想。而盛田昭夫则凭借精明的思维、饱满的激情和强健的毅力找到了实现梦想的方式。如果用今天的词汇来描述盛田昭夫所寻找到的方式，这就是全球化经营思维。

盛田昭夫的全球化经营思维，起始于盛田 1953 年的一次北美、欧洲旅行。战后盛田昭夫第一次去美国，他的感觉是不知所措。穿梭的轿车、宽阔的道路、遥远的距离以及直冲云天的建筑，高速发展的美国经济使他感到窒息。盛田满腹疑虑：一个小小的日本公司在这样一个巨大的国家里是否有生存的机会？而当时的日本制造，基本上是与小饰品及廉价仿制品联系在一起，他永远不会忘记那一刻产生的懊恼。当后来到了荷兰参观飞利浦公司，他惊奇地发现这个闻名世界的大企业集团总部，竟然设在古镇艾恩德霍枫，这里的规模和生活节奏使他觉得容易对付，心情也舒畅起来。

他给井深写信："如果飞利浦能做到，也许我们也能做到。"飞利浦启发了他：公司地点不重要，建立一个国际知名品牌至关重要。

　　环球考察回来，盛田决心给公司起个带点全球视野的名字，使其在美国也能让人容易拼读和识别。从 1950 年以来，公司的磁带就用 SONI 上市，这个名字来源于拉丁文 SONUS 的发音，盛田现在将 SONUS 与英文中的 SONNY-BOY 合成 SONY，SONY 让他感到青春活力，代表着激动人心的电子产品。公司的商标和名称都一样，用各种语言表达都是简明的 SONY。抛弃国家传统，一味揣摩美国市场消费者的想象力，这就是盛田昭夫！即使后来索尼在美国上市，日本国旗已经飘扬在纽约的上空，SONY 的广告铺天盖地，大多数美国消费者仍然没有意识到索尼是一家日本公司。盛田尽一切可能使这种误解持续下去。例如，产品上所需的"日本制造"的标签，以最小的尺寸，尽可能地贴在不易察觉的地方。以至于由于索尼标签低于最低限度，多次致使美国海关拒绝其货物入境。

■ 革除短视利益：拒绝 10 万台代工订单

　　最可怕的敌人，不是你的竞争对手，而是你自己的眼前利益。1955 年索尼在美国起步时茫然无措，找不到经销商。盛田昭夫放下所有的事情，自己去美国同一家家经销商接洽谈判。终于有了一个对半导体收音机感兴趣的，并且订单为 10 万台的大客户，条件却是能够以经销商布罗瓦的名义销售，亦即索尼为这家美国公司做代工，理由是"没人听说过索尼"。10 万台是一笔大订单，价值超过了索尼当时的总资本。那是索尼非常饥饿的年代，日本董事会的一致意见是盛田不能拒绝这笔订单。技术官井深都饿怕了，经不起这个巨大的诱惑，几次给盛田打电话，强调应该接受布罗瓦的条件。对盛田来说，要紧的是让索尼的名字响彻全世界，公司在美国市场上尚未立足，此时的妥协将会招致索尼最终的失败。但是，盛田无法说服在日本的井深和董事会，于是他决定行使自己的权利：拒绝这份订单。甚至威胁，如果董事会再行相逼，他就辞去董事职务。若干年后，盛田说："拒绝 10 万台的订单是我在职业生涯中所做的最好的商业决策。"

为了树立索尼品牌，盛田肩负着很多。经销商折损自己所得，主动降价进一步以大折扣推销索尼收音机的活动，也使盛田震怒，不惜与他们断绝关系、回购商品甚至给出赔偿。盛田不会忘记第一次踏上美国时，看到的日本制造都是些便宜货、小东西的代名词。这一点对他的刺激太深刻了。盛田决定让索尼成为一个优质产品的制造商，以消除与日本制造相联系的耻辱。他自我意识到对实现这一目标有着不可推卸的责任。为此，盛田早就心中有数，必须建立自己的销售渠道：索尼美国。

■ 跨越文化的障碍：起用美国人做总裁

在中国公司，外派人员往往无足轻重。而盛田则认识到开发美国市场对于索尼公司未来的重要性，决定亲自出征。1960 年 2 月 20 日，索尼美国在遍布老鼠的百老汇 514 号仓库正式开业。为了适应美国人的家庭交往方式，1963 年 6 月，他将妻子和 3 个孩子迁居到美国。

美国人与日本人的思维方式和看待世界的方式都存在着很大的差异，而盛田却善于克制和隐藏他可能有的不良情绪，盛田本质上是一个独断专行的人。他知道日本文化与美国文化的距离，要想使索尼公司融进美国文化，必须起用美国人领导索尼美国，这也就是索尼"全球经营本土化"政策的萌芽。他把美国总裁的位置虚位以待，决心寻找一个美国人担任索尼美国的总裁。终于，盛田看中了哈维·沙因。

沙因的经商风格是十分美国化的，直率明了，而且硬碰硬。用他自己的话说，是一头犟驴，在关键问题上目光冷峻，脾气火暴，只要感觉受到阻碍或是看不到结果就要发火。沙因挫伤了以自我为中心的美国人的感情，也令日本人感到为难，心生恐惧。盛田在自传《日本制造》中写道，"他的方法不是日本式的，而是以单纯、强硬、直率和明确的逻辑为基础……然而逻辑游戏的问题是，不给人文因素留什么余地。"

沙因抱着那套缺乏变通的生意经，加之他又口无遮拦，使他成了一个刺猬般的人物。他容不得废话，精力充沛，非常敏锐，对成本控制十分严格。办公室里每个管理人员都怕他，不管是日本人还是美国人。因为你向他汇报时，如果回答得不对，他就把你批得无地自容。最后，迫于形势盛田不得不换掉沙因。

但盛田认为，沙因把美国管理的好多方面，诸如管理控制和报酬等引入了索尼文化；他帮助索尼美国从一个单一的配送中心，发展成生机勃勃的美国分部，而且还使公司的业务增长了2倍。沙因的管理风格虽然与盛田格格不入，但却是盛田真实触摸、碰撞、吸收、消化美国文化的捷径。这种触摸在盛田时代一直就没有停止。

当年，索尼在美国建立一个分部是十分艰辛的过程，不仅需要坚忍不拔的意志，还要勇于接纳那些与自己的风格和传统不同的东西。而盛田则是一个精力充沛、热情洋溢、积极主动、魅力超凡、爱开玩笑的人，最吸引美国人的是，他看来非常像他们自己。

盛田的声望与社交技巧，无疑是索尼的无形资产。从二十世纪60年代开始踏上美国，他就关注着打入社交界。在整个七八十年代，盛田不断地在全球商界扩大着自己的知名度和影响。1984年盛田昭夫的自传《日本制造》出版，立刻成为索尼品牌的使者，使大众真切地感受到他的内心世界和索尼精神。

■ 寻找支撑品牌的精神原点：巨额亏损与7年研发经费

国内一些公司的经验认为，树立品牌就是在一流媒体上砸广告，甚至有人归结出"做多大的媒体，做多大的品牌"这样的所谓经验。难怪奥美总裁评说中国企业家少有人懂得品牌定位。在索尼历史上，寻找品牌精神原点的努力发生在索尼单枪三束彩管诞生的痛苦经历中，其间爆发了井深与盛田昭夫的第二次冲突。

索尼1961年就开始了这一产品的开发，直到1968年第一个12英寸单枪三束显像管才生产出来。在长达7年多的研究开发中，索尼承受了巨大的亏损，度日维艰。身为总裁的盛田非常迫切要求减少亏损。盛田领导的财务人员深入到技术队伍中，四处寻找可节省的开支。而井深却不关心焦点以外的问题，坚持技术研究的需要而丝毫不让步。他带领一线技术人员忘掉销售目标，做他们愿意做的事情，以便创造出能让人感到惊喜的产品。

井深与盛田之间的紧张状态显而易见地扩散着。如果充耳不闻巨额亏损的人不是井深，哪怕是自己的父亲或兄弟，盛田都会毫不犹豫地叫停。而面对井深，一种莫名的信任和尊重左右了盛田，他不得不动用广泛的社会关系筹措到索尼第一笔开发贷款200万美元。井深对技术上每一个小的进展都拉盛田一起来分享。当首批显像管从装配线上下来时，井深对研究组深深地鞠了一躬。暮年的井深回忆，他在索尼最值得骄傲的事情，就是单枪三束彩色显像管的诞生。

井深不只是为自己团队的创造物而骄傲，也为在危机中他跟盛田的紧张与信赖而陶醉，更为索尼回归本源而庆幸。还在1946年1月，井深的目光穿过噩梦般的废墟，把自己的梦想记在一个长达10页被称为"创业计划书"的文件上。计划书提到："组建公司的目的是创造理想的工作场所，自由、充满活力与快乐，在这里，富于献身精神的工程师们将能使自己的技能得到最大限度的实现。"这就是索尼文化的精髓，也是支撑索尼品牌的精神原点。

进入2005年，全球化已经全面深化到这样的程度，每一个中国公司都不能回避全球化竞争了。当年曾经困扰索尼的许多问题，今天依然在困扰着我们一流公司的跨国经营。索尼创始人在一个饥不择食的时代，却谨记全球化品牌经营的思维，在背负巨大亏损的创业初期，却执著于自主知识产权这个核心竞争力的打造，终于发现并回归到支撑品牌的精神原点，令人肃然起敬。一个后进国家的小公司想打开已被巨头瓜分完毕的国际市场，将是商业社会永远存在的基本冲动。只要世界上有这样的冲动勃发，就有盛田昭夫的位置。

（本文摘编自《索尼国际化案例带给中国企业的启示》，
来源：网易商业频道，作者：王育琨，2009.2）

韩国公司的国际化道路

在 1960 年，韩国仍然是一个比伊拉克、利比里亚和津巴布韦还要贫穷的国家。而今，这个曾经饱受殖民和战争创伤的国家已经成为世界第 11 大经济体。韩国的公司和品牌在世界舞台上获得了举世瞩目的成功，成为全球艳羡的对象。

这样的经济奇迹何以产生？其中一个关键因素就是韩国企业能够主动寻求创新并以创新为工具去改变自身：实现从单纯的模仿到紧紧跟随世界领先企业。模仿者注重于生产廉价的产品以及对其他品牌在技术层面的复制。而跟随者则是最优程度地利用现有资源，以改进的方式来重新使用。这样的创新不局限于产品和服务本身，还包括商业模式、流程、渠道和市场。

跟随者是优化了现有资源的运用而不是创造了新的资源，它们尚不能代表创新的最高层次。这样的荣誉永远属于那些公司，它们创造的产品、服务、市场、渠道、业务模式和流程，无一不是前所未有。韩国企业在过去几十年的经历证明跟随者以及它们所执行的战略可以是非常有竞争力的。

曾几何时，凭借速度与效率韩国企业成功地实施过模仿者战略，生产廉价的微波炉、电视机等家电设备。但是随着竞争者的蜂拥而入，竞争日趋激烈，生存和发展的唯一出路就是走向创新。正如韩国人自己所言，他们设定了雄心勃勃的目标，倾注于研发。与此同时，努力以差异化的眼光开发市场先行者所拥有的产品，而不是墨守成规。一言以蔽之，韩国企业一点一点地褪去了模仿者的色彩，越来越多地成为顶尖公司的跟随者。其结果就是随之而来的经济繁荣。一批具有竞争力的企业，如三星、现代和LG开始崭露头角，在国际市场上比拼索尼、丰田、诺基亚和其他国际上的领导者。

从公司的成功故事中我们可以学到很多。因为太多的公司都是快速的模仿者，如同10年前的韩国企业。但是此类快速模仿者的策略注定难以持续。所以您的企业也许正处在一个十字路口，如同韩国企业十年前的境遇，只有重新审视并重塑自我，在创新中寻求增长，如同韩国企业一样由模仿者蜕变为跟随者，您的公司才能在21世纪觅得生机并持续发展。

1. 决心：在创新中成长

从模仿者到跟随者的飞跃往往始于根本性的战略抉择。而这样的间不容发的战略转折经常伴随着市场环境的改变、竞争的加剧以及来自股东和客户的要求。此类转型的成功必须是自然和可持续地发生于内部——有着清晰的思路，得到最高决策层的强力推动。

渴求管理创新在韩国非常普遍，CEO们显示出非常强烈的欲望去领导世界级企业。这样的目标使得国际市场的竞争更为惨烈，韩国的企业家们所凭借的就是更为积极的增长和对变化所保持的开放性。LG电子的前CEO金双秀就是一个例证，他曾说："以变革方式应对挑战的人将引领创新，从而踏上技术起飞的道路。"而三星公司的李健熙前会长则有广为流传的名言："除了老婆孩子，一切都需要改变！"超强的领导能力和改变中下层组织的能力是韩国企业家的特质。

2. 如果有梦，不妨梦得更远

追求创新驱动型增长的领袖必须有意志设定雄心勃勃的目标，通常是超越公司常规发展方式的。不温不火的发展目标最多只能实现按部就班的改进，对实现短期目标可能有所裨益，但是于长远大局无补。为实现对领导者的跟随，必须果断行事，而非瞻前顾后。

韩国企业家们志存高远,发生在 LCD 显示技术方面的技术革命就是一个范例。在二十世纪 90 年代中期,国际半导体协会 (SEMI) 曾经设定了一个关于 LCD 显示技术的发展时间表,意在帮助日本厂商,实现技术进步。韩国企业则没有亦步亦趋,而是看准行业潜力后全力投入竞争。它们行动迅猛,通过不惜重金的研发在每个时间点都超越竞争对手。如今,韩国公司已经能够领先于 SEMI 的企业率先投放各种大屏幕平板电视,而且价格更为低廉。试想如果没有韩国企业的超常规行为,消费者就不得不花费 20000 美元来购买只值 4000 美元的产品。当然,在上述进程中韩国企业奇迹般地获得了极为有利的市场地位。

3. 不拘泥于单打独斗,主动联合业界伙伴

大多数企业在由模仿者向跟随者过渡的进程中相对谨慎,只有视野开阔后才会想到要超越原有的产品与市场,拥抱更多的机会。例如电脑厂商会转变消费类电子产品公司,或者水泥厂商转变为多种服务的建筑公司。为挖掘此类尚未利用的机会,走向创新的公司通常会建立创新平台——一个多种功能的产品和业务孵化器,旨在为新产品、服务、商业模式和业务模块提供创新的内部场所。

三星公司前会长李健熙:

超越传统家电,做数字革命的先行者。

现代汽车董事长郑梦九:

摒弃廉价标签,成就卓越与品位。

SK 电信 CEO 金信培:

跨越单纯的语音模式,满足全方位需求。

韩国企业从上述发展模式中获益匪浅。以 LG 为例,短短的数年间,该公司通过与飞利浦设立合资企业成为 CRT 电视的主要生产商。但是 LG 并没有让自己拘泥于 CRT 电视,企业重新定位于显示器公司,建立了显示器生产平台,用于探索新兴技术,诸如等离子体、LCD、LCOS、SED 以及 DLP 等等。每当一种技术成熟,LG 就会单独或者通过合资的方式来推

向市场。产品不仅仅是电视，而且包括手机、笔记本电脑和其他显示装置。通过使用"外部孵化器"和创新平台，LG得以实现产品、市场和客户群的全方位扩张。

4. 不要仅仅在一点创新，建立创新的群体

毫无疑问，创新意味着风险。许多石破天惊的变革都以失败收场。事实上，失败以及从中所获得的教训是创新过程中不可或缺的方面。没有经历过挫折的公司绝无可能成为伟大的公司。所以那些有志于变革的公司绝无理由感到恐惧。他们唯一需要小心的就是不要将公司的前途命运押宝于一两个新产品。企业应当相应地建立多元化的创新项目组合，正如一个明智的投资者运用多样化的金融资产来对冲市场风险。一个成功的创新组合应当包括广泛的未来商业机会，应当覆盖整个价值链并且做到兼顾短期、中期和长期回报。

韩国的显示器巨头LG和三星都成功地实施了多元化创新战略。它们都建立了公司层面的长期创新项目，旨在跟踪并研发新兴技术，例如OLEDs。与此同时，它们也建立了业务群级别的创新项目，侧重于短期内可以实现商业化的技术，诸如CRT、LCD和等离子体。通过项目、技术和研发途径的多元化，LG和三星减少了与创新必然相伴的风险。此举也让它们能够有机会将更多的资源用于长期的、更有开创性的项目——保证它们在技术与市场变数更多的未来获得较多的生存与发展机遇。能够实现这样的良性发展原因在于同时做好了关键性的短期项目。并且当一个项目失败的时候，可以将该项目内的所有资源转移到其他项目。当LG的无线视频电话项目陷入泥沼的时候，决策层果断拍板重新组合资源来开发视频/照相手机。这款手机已经顺利进入美国市场。

5. 学会与他人共赢

在创新的过程中如果能够找到合适的伙伴，努力将会变得事半功倍。合作可以分散风险、加速进程和降低创新风险。因此建立有效的合作网络

是由模仿者走向跟随者的关键——三星在开发LCD进程中所运用的方法即为例证。

三星很早就意识到单独生产下一代大屏幕液晶显示器将耗费数十亿美元。很显然，这是一项成本高昂、风险很高的投资。更何况公司高层当时也无法确信LCD是否能够最终战胜等离子体技术以及其他新兴技术。于是三星决定和索尼建立合资企业，共同开发生产。此举大幅度降低了成本，改进了品质并扩张了整个LCD市场。正如一位分析师所言："三星和索尼从合作开发市场中获得双赢。"

三星公司前会长李健熙：

合作与联盟是走向成功的关键。我们相信市场由共同的准则来推动，联盟对于培育消费者认同和走向最终的成功举足轻重。

6. 缩短产品周期

在商业世界中新的理念往往要经过漫长而痛苦的历程才能最终化为收益。不幸的是企业内的种种问题又会延长上述周期，因为与大公司相伴的有严重的官僚作风，这将窒息项目创新。问题的严重性在于快速投放市场对于创新显得生死攸关。快速行动的好处显而易见：产品越早进入市场就越容易获得收入和市场反馈，相应的改进型版本可以尽早推出。这样竞争对手也难以跟上节奏。甚至本来并不成功的项目也可以从快速行动中获得收益。"快速失败"提供的是快速学习的机会，公司也可以相应地将优质资源迅速投入到有前景的其他项目中。

跟随型公司异常努力地破除官僚主义所带来的阻碍，让创新项目以更快的方式显示市场价值。韩国企业竞相建立生产基地，准备投产面向未来的LCD。而在那个时候LCD技术仍然在研发和调试的进程中。此举如同为已经起飞的飞机打造起落架。这样的行动无疑有巨大的风险，但是等待的风险将更加无法承受。韩国企业的做法我们未必提倡，但是的确令他们获益无穷。

7. 争做行业龙头

模仿型企业针对的是成功的产品或服务，意在复制。跟随型企业则不然，它们瞄准的是行业里的龙头企业，旨在超越。这样的目标才能激发员工创造全新的差异化产品或服务。这类企业会悉心分析竞争对手和客户，借助于新知识来推出新产品，推动市场升级和价格的下降。

当LG力图进入美国市场的时候，它不是简单克隆移动电话领头羊摩托罗拉、诺基亚或者三星公司。LG与移动通讯服务商Sprint进行了深度的探讨，深入地了解了Sprint以及客户的需求。此后双方共同制定了新型的服务模式来推动营业收入的增加。为此，LG重新整合了在美国的移动通信团队，全力配合Sprint推出可以提供数字摄像的手机。该产品曾经被行业领先公司所轻视，认为没有太多实用价值且过于笨重。但是LG决策者的眼光和倾听消费者心声的方式让他们获得了巨大的市场收益。视频手机也帮助Sprint探索了全新的业务模式，LG则牢牢地占据了市场的先机，一跃成为领导者。

【本文摘编自《韩国公司的国际化道路》，作者：美国霍特（Hult）国际商学院教授，亨特拉·帕特尔，来源：《环球企业家》网站，2010.2】

47

第 3 章　客户战略

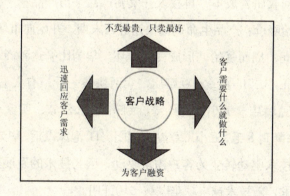

　　"以客户为中心"是华为成功的重要秘诀。在华为内部，从总裁到普通员工，客户的要求是最高行动纲领，每个流程、组织、管理制度都与这个要求相一致。

　　在华为发展的过程中，华为从以竞争为基准的战略生存观转化为以客户为中心的战略发展观。

由于华为人废寝忘食地工作，始终如一虔诚地对待客户，华为的市场开始有起色了，友商看不到华为这种坚持不懈的艰苦和辛劳，产生了一些误会和曲解，不能理解华为怎么会有这样的进步。还是当时一位比较了解实情的官员出来说了句公道话："华为的市场人员一年内跑了500个县，而这段时间你们在做什么呢？"当时定格在人们脑海里的华为销售和服务人员的形象是：背着我们的机器，扛着投影仪和行囊，在偏僻的路途上不断地跋涉……

——华为总裁 任正非

HUAWEI　第一节　不卖最贵，只卖最好

华为前高管胡勇曾这样解说华为的客户战略：在华为和中兴崛起之前，电信业是技术驱动的产业，企业投入巨资研发新产品，然后定高价，赚取高额利润，回收研发成本，再投入开发新产品；当产品量产、跟随者大量进入后，开始降价，产品生命周期快速进入末期，开始向市场推广新产品，赚取高额利润，周而复始，形成良性循环。华为比喻这种商业模式为王小二卖豆腐。王小二开了一家豆腐店，卖两块钱一斤，有人看见有利可图，开了第二家豆腐店，王小二开始降价到一块五，三家、四家……豆腐店越开越多，价格降到8毛，王小二豆腐店倒闭。IT泡沫以后，华为敏锐地发现，电信业已由技术驱动转变为客户需求驱动，因为技术的发展远远超过了目前的客户需求，新技术越来越难以被市场证明。

为了保证研发高效，华为引入了IBM的IPD，强调以市场和客户需求作为产品开发的驱动力，在产品设计中构建产品质量、成本、可制造性和

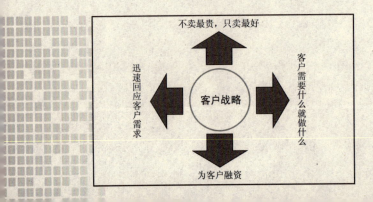

可服务性等方面的优势；在产品开发的每个阶段，都从商业的角度而不是从技术的角度进行评估，以确保产品投资回报的实现，尽可能减少投资失败所造成的损失。

据《21世纪经济报道》记者丘慧慧的记载，2002年9月23日，华为董事长孙亚芳代表华为在摩洛哥马拉喀什举办的第16届ITU（国际电信联盟）代表大会上作了有针对性的发言。孙亚芳一针见血地指出，由设备巨头们盲目追求高技术、高利润给运营商带来的伤害，"如果设备制造商不是基于运营商的投资保护，进行新的技术开发，坚持跳跃式地不断推出新技术，不断更新设备，会使运营商增加很大的成本。"她同时也颇具意味地提醒竞争对手们说，"靠技术壁垒封锁市场，获得高盈利的时代一去不复返了。电信业将逐步回归到具有一定合理回报的传统行业。"

华为一直采用的是低价的策略。根据海外媒体报道，华为对最为强势的3G标准WCDMA大本营欧洲的突破，始于2004年一家名为Telfort的荷兰最小运营商的WCDMA建网合同。这家公司与华为一举签订了总价值高达2亿欧元的WCDMA设备供应合同。这家仅有250万客户的小运营商不会给华为带来大生意，但华为对这笔欧洲3G商用开局的"小生意"投以了重力，针对这家为爱立信"不屑"的运营商作了个性化的解决方案，为对方节省了1/3的建网成本。

华为不仅是低价，而且还更为优质。在采访中，《人民邮电报》记者曾了解到这样一个内幕：华为与Telfort从第一次接触到最后签订合同，仅仅用了半年时间。这么大的订单在如此短时间内"花落华为"，创造了业界的一项纪录。"他们提出的分布式基站解决方案是独一无二的，非常具有创新性，很符合荷兰人口密度大的国情。不仅如此，他们的人和我们一道

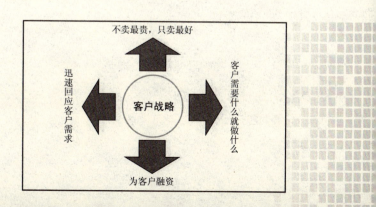

制订 3G 商业计划，帮助我们考虑如何快速部署 3G 网络，如何更好地节省开支。这种贴心服务对我们的确是巨大的诱惑。"

"满足客户需求是华为存在的唯一理由。"对于华为在欧洲市场的发展情况，来自欧洲运营商的评价验证了华为曾经作出的庄严承诺。正是因为这种承诺，更大的生意随后而至。两年之后，荷兰最大运营商 KPN 成功收购 Telfort，鉴于华为在此前"小生意"上的良好表现，华为晋升为 KPN 的核心网设备供应商。

法国最有影响的《费加罗报》和《回声廊》等多家媒体在《华为的国际野心将变成现实》的报道中称，华为以低于竞争对手 20% 的价格赢得了欧洲运营商的青睐。

2005 年 1 月 27 日，华为、爱立信、摩托罗拉同时参与泰国国有电信公司（CAT）3G 项目电子竞标。CAT 是泰国两家国有通信运营商之一，按照合同规定，华为将为其修建一个覆盖 230 万 CDMA 手机用户的网络，使其网络最终能覆盖泰国 51 府。之前，CAT 的 CDMA 网络已经覆盖了曼谷和其他 25 府，拥有约 70 万用户。

参与竞标的三家公司均符合所有技术资质条件，爱立信出价约 2 亿美元，摩托罗拉出价 2.45 亿美元，最后，华为以极有竞争力的价格——1.87 亿美元拿下 CAT 公司 3G 网络建设大单。

著名管理学家王育琨在其文章《任正非的抗争与呐喊》中写道："2008 年，在国际巨头均出现收入大幅度下滑的背景下，华为年收入却达到了 233 亿美元，仍然实现了 46% 的增长。在普遍不被看好的 2009 年，华为的订单收入则有望达到 300 亿美元。这串美丽的数字，常常使人联想到 2008 年华为的那次裸奔。"

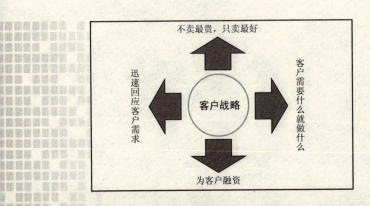

"2008 年 8 月，中国电信近 300 亿元的 CDMA 大单引发了设备商新一轮的招标争夺大战。阿尔卡特 - 朗讯、北电和中兴通讯的报价在 70 亿～ 140 亿元之间，华为却报出了不到 7 亿元的超低价。华为的'裸奔'，被认为是纯粹的搅局。而任正非则认为'清者自清，浊者自浊'。他的逻辑是，华为 20 年的深耕细作，已经形成了很强的成本优势。这种优势该是回报中国人的时候了！即使出了这样的报价，华为的利润仍然可观。没有人怀疑华为在研发、成本以及整体解决方案上面的实力。华为最后一举拿下中国电信 CDMA 大单的 40%。"

美国《商业周刊》报道："全球经济不景气使得客户预算跟着缩减，也让华为的产品更有吸引力，特别是华为强调产品和其他厂家的产品兼容度高，可以直接替换。"

之所以会具备成本优势，是因为中国企业真正具备"比较"优势的地方其实是在研发成本上。国外一位工程师的月薪相当于中国一个工厂几百名工人工资的总和，而中国一位工程师的月薪才相当于几名工人工资的总和，国外与国内工程师正常的工资差距有 10 ～ 20 倍之多。如果算上国外工程师的有效上班时间每周低于 40 小时，每年还有一两个月的假期，而国内工程师加班是常态，有效上班时间通常达每周 60 小时，一年忙到头连法定的节假日都很难保证，国外工程师与国内工程师的薪酬相差就更大。

HUAWEI 第二节　客户需要什么就做什么

在加入思科之前，思科董事长兼 CEO 钱伯斯在 IBM 和王安实验室分

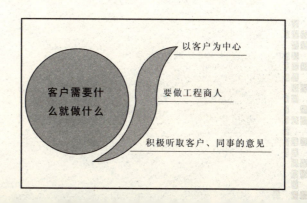

以客户为中心

客户需要什么就做什么

要做工程商人

积极听取客户、同事的意见

别干了 6 年和 8 年，在他看来，正是由于忽略客户的意见——IBM 一度沉迷于大型主机，而王安实验室过于依赖微型计算机，它们错过了技术转型的机遇。"如果你能以正确的方式倾听客户的意见，他们会告诉你长时间内市场变迁的走向，让你能建立自己的产品或成为领导者。"钱伯斯说。

华为总裁任正非有着同样的观点，即客户需要什么我们就做什么。卖得出去的东西，或领先市场一点的产品，才是客户真正的技术需求。超前太多的技术，当然也是人类的瑰宝，但必须以牺牲自己来完成。2000 年，IT 泡沫破灭的浪潮使世界损失了数十万亿美元的财富。从统计数据可以得出，那些破产的企业不是因为技术不先进，而是技术先进到别人还没有完全认识与认可，以致没有人来买它们的产品。所以华为人都达成一个共识：技术只是一个工具。新技术一定要满足质量好、服务好、成本低的要求，不然就没有商业意义。

以客户为中心

"以客户为中心"是华为成功的重要秘诀。在华为内部，从总裁到普通员工，客户的要求是最高行动纲领，每个流程、组织、管理制度都与这个要求相一致。

在华为发展的过程中，华为从以竞争为基准的战略生存观转化为以客户为中心的战略发展观。《华为公司基本法》起草者之一彭剑锋这样分析道："为贯彻这种新的战略观，华为首先基于客户对组织结构进行了相应的调整。如在经营管理团队专门设有战略与客户常务委员会，该委员会为EMT 履行其在战略与客户方面的职责提供决策支撑，并帮助 EMT 确保客

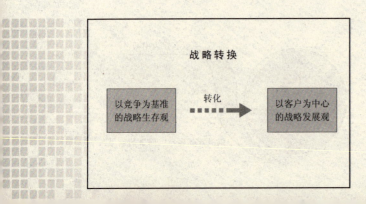

战略转换

以竞争为基准的战略生存观　**转化**→　以客户为中心的战略发展观

户需求驱动公司的整体战略及其实施。在公司的行政组织结构中，建立了战略与 Marketing 体系，专注于客户需求的理解、分析，并基于客户需求确定产品投资计划和开发计划，以确保客户需求来驱动华为公司战略的实施。在各产品线、各地区部建立 Marketing 组织，贴近客户倾听客户需求，确保客户需求能快速地反馈到公司并放入到产品的开发路标中。同时，明确贴近客户的组织是公司的'领导阶级'，是推动公司流程优化与组织改进的原动力。

"其次，将客户价值理念融入产品的全过程。在产品开发过程中构筑客户关注的质量、成本、可服务性、可用性及可制造性。任何产品一立项就成立由市场、开发、服务、制造、财务、采购、质量人员组成的团队（PDT），对产品整个开发过程进行管理和决策，确保产品一推到市场就满足客户需求，通过服务、制造、财务、采购等流程后端部门的提前加入，在产品设计阶段，就充分考虑和体现了可安装、可维护、可制造的需求，以及成本和投资回报。并且产品一旦推出市场，全流程各环节都做好了准备，摆脱了开发部门开发产品，销售部门销售产品，制造部门生产产品，服务部门安装和维护产品的割裂状况，同时也摆脱了产品推出来后，全流程各环节不知道或没有准备好的状况。"

为了更好地把积累的技术能力与客户需求相结合，华为与沃达丰、西班牙电信、意大利电信等一流运营商成立了联合创新中心，华为的工程师与运营商的工程师坐在一起讨论网络的演进方向和解决方案，以客户需求牵引产品研发方向，提供客户化的定制网络解决方案。

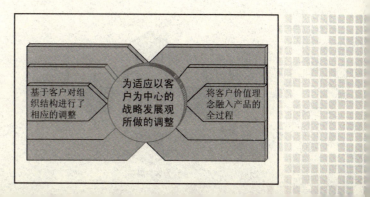

要做工程商人

曾有一个时期，华为研发人员一味地追求技术超前。结果，片面追求技术进步，变技术开发为玩技术，导致技术研发严重脱离市场，公司的生产过程中出现了较为严重的残次品现象。任正非发现了这一倾向，马上指出，技术人员不要对技术宗教般崇拜，要做工程商人，"你的技术是用来卖钱的，卖出去的技术才有价值。"在任正非带领下，公司开展了一场声势浩大的"反幼稚运动"。

任正非将所有坏的板材都堆放在主席台上，在讲了很多关于设计人员的幼稚病导致的危险后，将这些板材作为奖金全部发放给了那些失误的设计人员，要求他们摆在家里的客厅里，不时看看，提醒自己。以此让员工们记住：因为研发、设计的幼稚，导致公司遭受了大笔损失。

1996年底，任正非在听取生产计划、销售计划工作汇报后说道：

群众路线、与工农兵相结合的道路，我们的革命前辈已经走了几十年，甚至还是穿着"小鞋"走过来的。今天，我们千万不能忘记这条路线，我们工作在第一线的博士、硕士、工程师就是我们新时代的"工农"，我们要深入其中、身临其境、调查研究、发现问题、总结规律。

任正非还当即表示，要送给主管生产计划的葛才丰和主管销售计划的王智滨每人一双新皮鞋，希望他们以及公司所有的干部职工继续深入实际，到生产第一线，仔细调查研究，认真摸清基层实际，研制出真正符合消费者要求的产品。

一些主管生产计划的老员工收到总裁办公室送去的一双皮鞋时感觉面子上挂不住。但是当他们经过深入反思，发现自己对市场了解确实太少了，

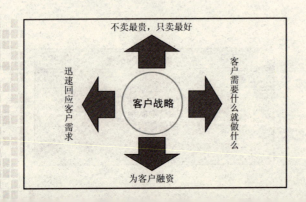

尤其是市场的多变和敏感性。经过反省，生产计划部门感到他们和销售计划工作有些脱节，对采购部门的运作和流程也了解不够，于是华为就建立了和商务部、销售计划部定期碰头的例会制度，及时、定期研究ATM月报和库存分析报告，踏踏实实地改进部门工作。

有一个例子是这样的，当时华为生产总部一份有关垃圾处理的规定，有近20个流程，需要三个人一起协同处理才能完成。流程规定很是详细，但可操作性太差，明显是纸上谈兵。后来华为经过深入了解，很快就修正了这一制度。

对于研发人员，华为硬性规定，每年必须有5%的研发人员转做市场，同时有一定比例的市场人员转做研发，目的是为了避免研发人员只追求技术先进而缺乏对市场的敏感度。后来，在华为内部自发形成了一条法则：一切以市场需求为导向，包括技术开发。这使得华为的业绩蒸蒸日上并受益至今。事实上，华为大多数获得市场成功的产品，都不是凭借什么技术上的先进性。

积极听取客户、同事的意见

华为一直要求，研发部门要在平时的工作中努力把自己的研发方向和客户实际需要结合起来。以华为为某银行实现电子化系统而所作的研发为例：为了更好地为客户提供所需要的产品，华为专门成立了一个解决方案部，其组成人员除了研发部门的资深员工外，还包括各业务部门的有经验员工。华为解决方案的工作重点就是在研究金融信息化趋势和顾客需求的基础上，进一步加大客户化解决方案，并加强与各大银行的交流和探讨，

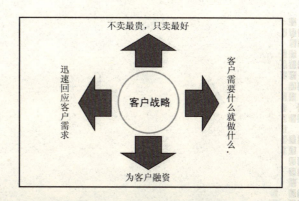

以求最终提供令客户更满意的产品。

为了给广大员工创造一个技术学习和交流的网络平台，华为成立了互动学习的借力机制——研发 IT 支撑体系的求助网，满足了各部门员工学习的需要。该网络平台一方面鼓励大家把自己工作中的"宝贵经验"贡献出来，使一个人的经验成大家的经验；另一方面，专家小组还从供应商的技术支持网页里定期下载有用的技术文章、问题解答、培训资料等内容，整理后发布在"研发 IT 支撑体系"中，使公司的技术资料与世界潮流同步；公司还邀请专家来解答大家提出的问题，使问题解答的有效性、及时性及经验共享得到保证。这样，员工可以充分地利用公司资源，吸取别人的经验和教训，取得更快的进步。

在多种方式的引导和督促下，华为的研发人员始终坚持以市场需求为导向。市场所需要的就是华为研究所的技术研发重点。市场不需要的，就是再先进的研发成果，也要断然放弃研究。

2009 年 12 月，华为成为由《亚洲电信》主办的"读者选择"奖的最大赢家，一举拿下了"2009 年度核心网供应商"、"2009 年度下一代网络（NGN）供应商"和"2009 年度光网络供应商"三项殊荣，也是唯一一家获得三个奖项的供应商。华为认为，这表明了其产品和解决方案聚焦客户需求，持续创新，已受到了客户，尤其是亚洲运营商的认可。

HUAWEI 第三节 为客户融资

卖方融资，是指卖方发货后，银行基于其收到的延期付款信用证项下

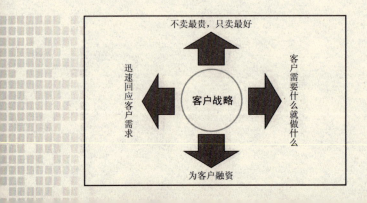

的应收账款为其提供的短期融资。其适用情况是：卖方流动资金有限，依靠快速的资金周转开展业务；卖方在发货后，收款前遇到临时资金周转困难；卖方在发货后，收款前遇到新的投资机会，且预期收益率高于融资利率。

使用这种方式，卖方可以提前回笼资金，加快资金周转，优化财务报表，提升竞争力；无需担保，融资手续简便，办理效率高；灵活分担融资成本，既可以由卖方承担，也可以由买方承担；异地客户也可办理，不受地域限制。

为客户融资也是一种竞争手段。2004 年 9 月，华为一改往常的低调作风，在北京向海内外媒体宣布，其一笔高达 2800 万美元的电信设备首次获得外资银行出口信贷。这一项目将是法国巴黎银行首次与中国出口信用保险公司进行大宗贸易金融合作。法国巴黎银行是全球出口信贷的主要银行之一。华为副总裁田峰表示，华为与阿尔及利亚电信公司的合作，将由本信贷额度提供 85% 的融资，华为作为出口商，将向阿尔及利亚电信提供 80000 条线路的 CDMA-WLL。

2004 年 11 月，国家开发银行授予华为 100 亿美元的信用额度以支持华为在海外市场提供买方信贷。华为 2004 年后的合同销售额增长几乎全部来自于海外市场，这显然与政策性金融机构的支持不无关系。

可以说，为运营商提供资金某种程度来说是行业惯例。例如华为国内的竞争对手——中兴就曾用过这种方式。据《第一财经日报》记者马晓芳的记载，2001 年，刚刚出走海外市场的中兴通讯，在非洲尼日尔市场遇到了来自法国竞争对手的激烈争夺，尽管竞争对手提出了一个相当低的低价，中兴在考虑再三之后，在提出合理的基础上，又提出了一个非常优惠的设

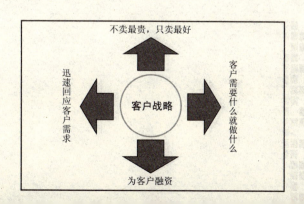

备垫资方案，解决了尼方缺乏资金的困难。终于一举拿下了 1000 多万美元的 GSM 合同，成为当时中兴在非洲市场的一大突破。

实际上，为客户提供融资并不是中国企业的独创。最早在国际电信市场上灵活运用融资手段的是欧洲的设备商们，2001 年前后，由于欧洲 3G 网络的兴起，为客户提供融资成为当时"如日中天"的欧洲设备商们理所应当的一种选择。

21 世纪初，互联网泡沫破灭之后，向供应商融资的势头一直在萎缩。但随着 2008 年后，全球金融危机不断加剧，电信运营商也被迫大幅削减投资和工作岗位，这一颇具风险的融资方式又有抬头之势。金融危机导致运营商融资环境恶化，运营商更倾向于选择能够提供融资条件的设备商。但并不是所有的国家和银行都有实力向电信设备供应商提供资金。本轮金融危机对欧美银行影响巨大而对中国的银行影响甚微，华为和中兴通讯均获得国家开发银行提供的信贷支持。这使得中国的华为、中兴通讯，及瑞典的爱立信都有机会从中受益。"我们遇到越来越多的融资需求，就和对技术解决方案的需求一样多，"中兴美国分公司执行长孙枕戈表示，"现在对于每个人来说，都是个困难时期。"

2009 年 10 月 12 日，据国外媒体报道，沙特阿拉伯国家第二大移动运营商 Mobily 宣布与华为及中国工商银行签署了合作备忘录以拓展卖方融资机会。根据协议，三方将共同探讨可行的融资方案来支持华为正在进行的项目。协议强调了华为对其主要客户 Mobily 的信心。

据国外媒体报道，2009 年 11 月，华为与马来西亚运营商 Axiata 签署了一份谅解备忘录，覆盖卖方融资、产品开发和采购多个层面，双方将建立起战略合作伙伴关系。Axiata 宣称，在为期 2 年的合同中，华为将提供

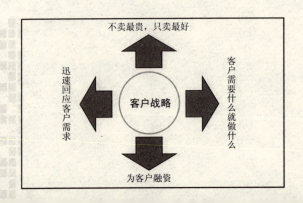

60

卖方融资，以支持其在马来西亚、孟加拉国、柬埔寨、印度、印度尼西亚和新加坡的网络运营和扩容。

华为的对手思科也采用这种方式为其客户提供服务。2008 年 7 月，思科宣布，在中国、中国香港、韩国及印度推出"思科长期服务计划免息融资方案"，以满足中小企业对科技投资不断增长的需求，助力中小企业业务增长。"思科长期服务计划免息融资方案"由思科服务及思科融资租赁提供，主要为技术服务、SMARTnet（网络支持服务）及先进服务计划的长期合约客户提供免息融资组合，协助中小企业解决财务预算的问题。

第四节　迅速回应客户需求

"光速"和"子弹列车"，是"世界第一 CEO"韦尔奇爱用的词。他称，只有速度足够快的企业才能生存下去，因为世界的"脚步"在不断加快。他认为，世界正变得越来越不可预测，而唯一可以肯定的就是，我们必须先发制人来适应环境的变化。同时，新产品的开发速度也必须加快。因为当今市场门户的开关速度不断加快，产品的生命周期在不断缩短。

电信设备制造业正从技术驱动型产业，逐步演变为一个以服务、成本竞赛为核心竞争力的产业。因此，市场对快速服务能力、高效的成本竞争力的要求会越来越高。谁不适应这个大趋势，谁就将被淘汰。为此，华为配备了一支专注、投入、奉献的员工和干部队伍，快速响应客户的需求，为客户提供优质的解决方案和服务。

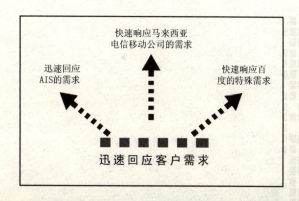

迅速回应 AIS 的需求

AIS 是东南亚经济中心——泰国最大的移动运营商和市值最高的上市公司，致力于通过提供高质量通信服务改善人民生活。AIS 占有泰国 50% 的市场份额。

华为为 AIS 提供了强大的支持，成为 AIS 的紧密战略合作伙伴。华为建立了一个高效的研发团队来确保迅速回应客户需求。在与 AIS 的合作中，华为通过每个月提供 3 到 5 个新的业务功能而始终保持高效率，并使 AIS 随 IPD 流程涉及需求分析、构想、规划和原型发布，以确保对客户需要的完全理解和准确定制。华为还通过定期与 AIS 进行沟通，客户需求总能够得到及时回应。华为在与 AIS 合作后的四年里，AIS 获得了很好的投资回报，使用户从 180 万增长到 1300 万。

快速响应马来西亚电信移动公司的需求

2006 年，华为宣布，为支持马来西亚第十一届全国运动会（"SUKMA"），华为在一周内部署完成了马来西亚吉打州 13 个体育场馆的网络覆盖。这次马来西亚全国运动会的各项赛事在 13 个体育场馆举行，分布在吉打州的各个主要城市，其中包括马来西亚的旅游胜地兰卡威（Langkawi）岛。在各比赛场馆分布距离远，工程交付时间紧急的情况下，为了支持这一重大赛事的顺利举行，华为的项目团队与马来西亚电信移动公司 Celcom 建立了有效的沟通渠道，快速响应客户需求，一周内提前完成对整个 SUKMA 运动会的网络部署，得到 Celcom 的高度认可。

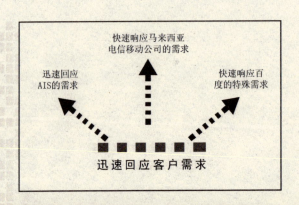

快速响应百度的特殊需求

2008 年 8 月 19 日，百度宣布，其成为全球首个使用闪存（Flash Memory）技术代替硬盘并大规模商用的互联网公司。这一改变极大地提高了百度的服务能力和检索速度，同时也大幅降低了服务器成本。百度成为新技术的"吃螃蟹者"，是全球首个使用闪存技术全部代替传统硬盘的互联网公司，此事一时引起了业界的高度关注。然而，很少有人知道，百度使用的海量闪存卡，其幕后推手是华为。

据《IT 经理世界》记者李云杰的记载："华为与百度联合实验室负责人、百度 IT 架构师刘拴林介绍说，百度曾和几家国际 IT 厂商接触过，对于百度的特殊需求，最终愿意坐下来合作的只有华为，因为只有华为愿意在这方面做持续投入和研发。之后，华为和百度成立了联合实验室。现在百度大规模应用的内置于服务器中的闪存卡就是这个实验室的产品。

"继百度之后，华为还与网络游戏公司巨人成立了联合实验室，为巨人定制网游所需要的 IT 设备。据了解，华为和百度、巨人、51.com 等互联网公司合作，都是华为主动上门，而且双方的合作超出了甲方和乙方的供应商关系——走联合开发模式。"

至于华为进军国际市场"节节高"的"秘诀"是什么，华为前新闻发言人傅军在接受媒体采访时说道："我觉得主要是长期的坚持和整体实力的积累，不存在什么'秘诀'。但是我们有一点做得很好，那就是快速响应客户需求。同时，我们的产品卖到哪里，服务就跟到哪里。此前，华为用很短的时间、有限的成本为香港和记电信做到了'号码移动'，在香港站稳了脚跟。这么多年来，和记电信一直和华为保持着战略合作伙伴关系。

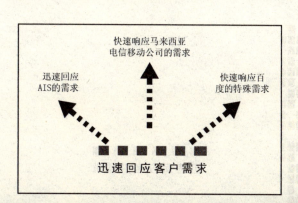

"进入2000年以来，经历了IT泡沫的国内外大公司开始更加理性化。他们拟降低自己的运营成本，用有限的钱做更多的事。此外，客户最关注的是你能否按照要求推出相应的业务。事实已经证明华为响应客户要求的能力，如BT（英国电信）集团的技术长布莱恩·利维在一次发言中就曾指出：'我相信通过与华为的合作能够进一步促进整个产业的发展。我们有一种共同的文化，即：倾听用户声音。'"

随着电信设备制造业演变为一个以服务、成本竞赛为核心竞争力的产业。顶尖的电信设备制造商已纷纷开始注重与客户的联系。据《英才》的记载，2007年11月，思科CEO钱伯斯与中国的一些政府官员沟通时，他得到这样的反馈，"中国的市场机会很大，但你们过去反应不是很快。"钱伯斯回到美国后，立刻成立了由18位高层组成的"中国战略委员会"，钱伯斯本人和思科首席运营官担任联合主席，其目的在于进一步推动思科在中国的愿景和战略计划。这个决定的做出仅用了不到两周的时间。"倾听客户的心声"，这是钱伯斯和思科最重要的策略。中国战略委员会的快速成立，正是倾听的结果。

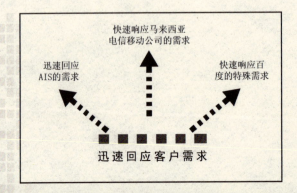

海尔张瑞敏客户战略语录

当其他企业也感到应该重视服务，而且也采取了海尔式的具体服务做法时，海尔又开始了新的提升：在20世纪90年代中期抓到了质量的本质，即永远要满足用户的需求，永远使用户满意，提出为用户创造需求，满足用户潜在的需求，提出"只有淡季的思想，没有淡季的市场"，洗衣机的一般销售淡季在夏季，当时提出这个淡季是不应该存在的，因为用户并不是在这个季节不需要洗衣机，而是没有可以供这个季节使用的洗衣机，由此创造了"小小神童"产品，解决了淡季没有产品卖的问题，也解决了用户在淡季没有合适洗衣机的问题，而且这个产品经过十几代的改进，现在在日本、美国都受到欢迎。

现在许多企业都有服务部门，用户有了问题，找售后部门或电话中心或咨询部门就行了，其实错了，用户要解决的问题不是哪个部门、哪个人能解决的，必须动员企业所有的力量、所有的部门来解决，就是所有资源整合起来解决，否则根本没有办法解决。

对企业而言，对用户而言，服务意味着什么呢？服务意味着用户的满意并不是解决已经出现的问题，而是可以解决潜在的问题。就是说我们往往把服务理解为我给你上门服务了，我给你咨询了，我做得很好了，你很高兴了。出了问题的服务不叫服务，这叫补偿，因为不应该出现这个问题。你给用户造成了麻烦，然后给予一种物质上、精神上的补偿，那不是服务，那不是真正的满意。真正的满意是用户对潜在的问题没有意识到，或者是隐隐约约觉察到了，不知怎样解决以至提不出来，但是你却给我解决了。

海尔的"真诚到永远"，永远接近用户，与用户零距离来满足用户的需求。除了质量管理方面，其他的方面如多元化、国际化都是遵循这样的规律来做的。

近年来，我们所面对的最大的压力就是：信息化和全球化，因为所有的国际化大公司都到中国来了，我们在"为客户找产品而不是为产品找客户"理念的引导下来应对挑战。我们与客户一起开发市场需求，而不是我拿出产品让客户看着卖，双方共同开发产品的结果是可以双赢。所以到现在为止产生的成果就是中国企业目前面临的两大顽症，一是应收账款，二是库存，对海尔来讲都已经很好地解决了。应对的措施就是继续推进市场链的流程再造，因为它是以订单信息流为中心来带动物流和资金流的运转，必须要不断创造用户需求，与用户零距离地接触，如果保持这一点就能不断从市场上了解用户的抱怨，就会为了创造需求不断提出新的价值观。

在海尔的理念中，服务也是一种产品，是一种销售企业形象的无形产品。海尔坚持不能提供服务，就绝不销售产品的服务宗旨。不仅仅是消极满足顾客的要求，而应该用心倾听客户的声音，捕捉他们内心希望表达的想法。海尔人的服务理念是："用户永远是对的"。

我们自己内部有口号，对企业外部叫做"一站到位的服务"，对于企业内部叫做"一票到底的流程"。也就是说对外部的服务，对用户来讲，他只需要找一个人就可以了，这一个人不管是谁都要为他服务。用户如果找到他，他就得解决所有的问题。打一个比方，就像上医院一样：一个病人看完病了要去拿药，过去医院的流程就是，这个窗口要交上病历，那个窗口要去划价，那个窗口要去交款，最后跑很多的地方把药拿出来了。如果一个病人就递上自己的大夫处方，医院内部流程怎么复杂，病人不管，只管交上去钱之后，你把药给他，就是这个概念。所以我们员工对于市场来讲应该是一站到位式服务。我们内部就是从投入到产出要一票到底。其他所有的人，和你之间不再是职能部门的关系，而是支持流程的关系，所以必须要明确这种关系。这种逻辑关系如果搞不清楚的话，用了计算机也不能起作用。

中国很多企业发展不起来的借口就是没有核心技术。海尔的专利在电子信息百强企业里高居榜首，但这不是海尔成功的驱动因素，相反，它是一个结果。所有的专利都是为了更好地满足用户需求。

驱动因素在哪里？在用户。所以，我认为，一流企业不是卖标准，而应是经营用户、经营市场。谁获取的用户资源最多，谁就是一流企业。

变成一个好品牌的确有很长的路要走，第一个就是和消费者的关系，和消费者的关系必须做到零距离。比如说我到德国去，德国一个经销商请吃饭，他带着他太太去，我说："你看到没看到海尔冰箱？"她说："看到了。"我问她："怎么样？"她说："不错。"我说："你会买吗？"她说她不会买。我说："为什么呢？"她说："因为我只去买米勒冰箱，米勒在德国是非常好的品牌。"我说："为什么？我们的冰箱并不比米勒的差。"她说："米勒是艺术品。"

这是一个非常大的差异，我们的产品和米勒没有任何差别，但是她不会认同，为什么呢？

因为产品长期以来已经和消费者建立了零距离的关系。比如现在世界名牌发布一个流行元素，全世界都会照着做，你不是这个品牌，发布了以后别人不会照着做，不会成为一个流行的东西。为什么？因为它已经知道消费者要什么，今天要什么，明天要什么。这不是你能预测到的，必须长期和消费者融合在一起才能了解到。在国内一些地区，我们有些产品慢慢地在向这方面发展，但是在国际上还有很长的路要走。

我们这一理念就叫"用户的抱怨是我们最好的礼物"，你虽然把它当作"礼物"解决完了，但并非是你送给他的礼物，因为它毕竟是对你的抱怨，毕竟已经出现了这个抱怨。现在需要的是解决潜在的需求，比方说双动力洗衣机，它就进了一步了，用户没有意识到。用户如果到市场选购，要么是欧洲的滚筒式，要么是美洲的搅拌式，各有优缺点，只能选择一种。现在海尔是把三种的优点集合起来做成这种洗衣机，用户没有意识到，你满足了他很大的一个潜在的需求，提高了他洗衣的质量。但我认为这还不是目的，因为从本质上讲用户要买的不是产品，而是一种需求、一种满足，三洋开发一种洗衣机不要洗衣粉，不要洗衣粉可以洗净衣服，用户当然高兴，所以这种洗衣机就畅销了。这还不行，我看到一份资料，说用纳米加到衣服里，可以不用洗，我为什么要买洗衣机呢？我是要买一件干净的衣服，既然衣服不用洗就可以干净，我就不要你的洗衣机。所以从这一角度讲，服务怎么可能只是一个部门就可以解决的问题呢？企业整体的战略部门，企业整个的设计部门，整个的销售部门所有的部门都动员起来也未必能发现和满足用户的潜在需求，还需要在全球的这个大系统中整合资源，所以说对企业来讲这是一个非常大的系统，它不应该是某一个部门。如果你把企业服务推给某一个部门，这个企业不可能真正地成长。

如果有神的话，就是用户，没有其他，一切都要围绕用户来做。对企业来讲，用户是天，失去了用户，企业就没法生存下去，谁能够满足用户这个"神"的要求和想法，谁就能够取胜。你要能了解并满足他的要求，这个"神"就会亲近你。如果你不能满足他，"神"就会离你而去。

阿里巴巴：教"客户"钓鱼

　　2005 年 1 月 5 日，在"2005·中国新视角"搜狐高峰论坛上，对于大会主题"新经济第二次浪潮"，阿里巴巴董事局主席马云说道："我没有感觉到明显的一浪二浪三浪，其实我们经历了无数的暗浪浅浪，我也没觉得资本市场热起来我多么激动。做互联网做任何公司来看，最重要的力量来自于客户支持，客户的浪越大你才越有机会。你去挖石油，机器设备再好，人家给你再多的钱也没用，重要的是油田底下有没有油水。""客户是不是从你这里赚到了钱，是不是得到了最好的服务，我觉得最重要。阿里巴巴公司的一个信条就是客户第一，客户是父母。"

　　在 B2B 领域，马云认为最终决定企业成败的是客户。阿里巴巴客户文化的实质就是帮客户赚钱，帮客户成长，然后才是赚取合理利润。马云说道："我是说阿里巴巴发现了金矿，那我们绝对不自己去挖，我们希望别人去挖，他挖了金矿给我一块就可以了。你去挖，挖了以后发财了，你给我一点点。自己去挖，要被别人杀死的，怎么守得住呢。他发财我也发财。我自己不去挖，很多人喜欢把金矿去牢牢守住。这是我们的商业模型，我们去帮助别人发财，别人发财我们才能

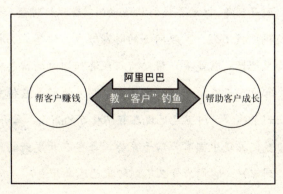

发财。因为我们所需并不多。"

马云经常对他的员工讲一个饭店的故事。几年前的一天,马云到杭州一家很有名的饭店吃饭。当马云点完菜后坐着等待时,5分钟后,饭店经理走过来对马云说:"先生,您的菜再重新点吧。"马云连忙问怎么了,饭店经理对他说:"您的菜点错了,您点了4个汤1个菜。您回去的时候,一定会说我们饭店不好,我们的菜不好。实际上是您点菜点的不好,我们餐厅有很多好菜,您应该点4个菜1个汤。"马云觉得这个饭店很有心,很会为客人着想。

马云希望通过这个故事给员工以启发,只有你在为客户着想,客户成功了,你才会成功。如果客户不成功,就是你不成功,你也不会成功。

■ 帮客户赚钱

"为什么阿里巴巴会受到欢迎?因为阿里巴巴是他们用来赚钱的工具。""我坚信中国可以发展电子商务,我也相信电子商务要发展,必须先让网商富起来,如果网商不富起来,阿里巴巴那是一个虚幻的东西。我更为骄傲的是我跟阿里巴巴所有的同事,我们希望阿里巴巴为中国的网商,为中小企业创造非常多的百万富翁、千万富翁。""如果我们能创造这么多的百万富翁、千万富翁,我们创造这么多的百万富翁、千万富翁,我们自己不会穷到哪里去。"

至于阿里巴巴如何帮客户赚钱,2005年马云在接受媒体采访时说道:"有一种说法是互联网就像淘金,阿里巴巴是帮助别人发现金子的。互联网是宝库,但先要找到Password(密码),对商人来说最难的是Password(密码)找不到。互联网上的财富够多,但怎么去挖呢?对商人来说更难。阿里巴巴(就是要)帮助商人在浩如烟海的信息中找到有用的信息。我们的客户今天在阿里巴巴交了钱,明天他们愿意付更多的钱,那么说明他们赚到了钱。""阿里巴巴现在有700万的商人,每一个商人的需求是不一样的。我们发现中国有三四千家公司每年在开发新的产品,这些新的产品又找不到客户。它们为什么不到阿里巴巴来开发?"

马云说，阿里巴巴的目标很明确，首先是帮助客户赚钱，再过几年帮助他们快乐地赚钱，再过几年帮助他们赚大钱，最后帮他们省钱。阿里巴巴可以改变一切，但不会改变"让天下没有难做的生意"这个使命。

■ 帮助客户成长

通用公司以其与客户共同工作以解决问题并增加生产力的模式闻名于世。客户生产力计划总经理 Sandy Torony 说："我们不'替'客户解决问题或节省成本，我们与客户'一起'解决问题与节省成本。"同样，马云认为：阿里巴巴所做的是教人钓鱼，而不是给人鱼。他说道："电子商务是一个长期发展的过程，它不是一个投机行为，它是一个投资行为。它就像你学英文一样，不是你交了钱就能懂英文的，你交了钱还得去努力，还得去学。""在中国做电子商务的人必须要站起来走路，而不能老是手拉着手，老是手拉着手就要完蛋。我们跟市场的关系是要手够得着，我们与用户的关系是要他们自己站起来走。帮助需要帮助的人，他才会感谢你的帮助。"

马云认为，今天大家离不开网络新闻，明天大家做生意一定离不开网络。"十年以后，二十年以后，三十年以后，中国所有的企业都会在网上做生意，全世界大部分企业的行为都在网络上面（进行），所以你今天在网络（电子商务）上投几千块、几百块钱都会让你受益匪浅。请你们记得电子商务（将）成为每个商人必须有的一项技能。"

为了帮助客户成长，2004 年 9 月 10 日，阿里巴巴集团公司与杭州电子科技大学、英国亨利商学院联合成立一个阿里巴巴的内部大学——"阿里学院"。"阿里学院"的办学目标其中之一就是培训客户，强化他们的电子商务知识，包括做出口贸易的政策法规的培训。马云说道："我们成立了阿里巴巴学院，我们对客户进行培训，客户不成长，阿里巴巴不会成长；客户都完了，穷了，阿里巴巴也就完了。帮助客户成功是销售人员的使命。以前我们有的客户不懂贸易，（交易）对方来的信也不回，我们就对这些客户进行强制性培训。客户用我们的服务，就要接受我们的培训，我、关总（关明生）、我们的副总再忙也要给客户进行免费的培训。"

"与目前的 MBA 和麦肯锡式的培训和服务体系不同，阿里巴巴学院更讲究实用。"马云是这样介绍阿里巴巴学院的。马云说道："阿里巴巴学院是一个平台，在这个平台上，不仅有杭州电子科技大学、亨利商学院，还有沃顿商学院、伦敦商学院、哈佛商学院等世界知名商学院及国内的北大、清华等高校。阿里巴巴学院正在与它们商议互换教师和教育场所。"

在阿里巴巴学院成立的大会上，马云说道，阿里巴巴创业团队从 1995 年开始创业至今积累了许多经验，尤其是从客户身上总结了成千上万的案例，如果将这些案例与中国的中小企业分享，将是对中国中小民营企业的极大推动。

"这些中小企业就好比一个个小湖，我们把它们一个个围起来，最后形成一个'阿里海'。"马云如是说。阿里巴巴学院这个平台给中国中小企业主提供了学习与提升能力的机会，他们也必将成为阿里巴巴的忠实商户。马云说道："我上次遇到一个在上海有机构的日本人，他们现在公司有专业的人员在阿里巴巴网上做采购。现在好多公司都是这样，这些人都是自学使用阿里巴巴，现在他们请我们帮他们培训电子商务人才，发的毕业证都要马云签字。""我们的注册用户数量每天增加 1000 名，每天收到 1000 多条用户发布的买卖信息。现在我们发现有一批会员非常聪明。比如有的会员在英文网站上发现希腊的用户要购买帽子，他马上就开始在中文站点上找中国的生产厂家，他一下就找出二三十家生产帽子的企业，然后谈判的时候，利用中国的生产厂家不知道这个信息的使用渠道，他从中间做一个配对，利用他的语言（优势），利用他对网络的掌握，来开展网上贸易。"

第一批吃螃蟹的人在网络上进行电子商务获得了极大的利益，但现在电子商务竞争越来越激烈，很多中小企业主初涉网络，由于不能迅速掌握工具应用方法和营销技巧而看不到任何收效。在这种情况下，阿里巴巴怎么帮助他们重建信心？

阿里巴巴 B2B 总裁卫哲回答道："今年（2007 年）我们会在北京、大连、石家庄、合肥、南京、重庆等 10 个省会中心城市增设客户服务和培训中心，还要投资把原有 15 个分公司改造为培训中心，我们要做到每个阿里巴巴诚信通和中国供应商收费产品的会员企业都有若干名能够实际上岗操作的业务人员。阿里巴巴现在从 3300 人增加到 5300 人，其中新增 2000 人有 2/3 是一线服务和销售人员。我们要授人以渔，我们把渔竿给人了，还要教人家钓鱼啊，池塘里有的是鱼，但光有渔竿不知道怎么钓也不行。"

阿里巴巴培训师 Jane Wang 说，"我们不仅仅教他们如何做生意，同时还教他们如何变得富有魅力。"

2003 年初，阿里巴巴推出了针对中小企业主的"魅力培训学校"服务。马云发现，在在线电子交易中，只将买卖双方联系在一起还不够。一道巨大的文化鸿沟依然存在。马云说道："中国工厂的老板对于以低价格大量出售货物这种交易模式驾轻就熟。但许多人缺乏与全球客户交流的一些基本要素。""中国商人很精明，但是他们需要更加干练。"

马云说，他对一些中国商人在商务场合的举止感到"沮丧万分"。许多人不断地吸烟，甚至在会议过程中旁若无人地打电话。马云说，在达沃斯和新加坡举办的其他论坛中，"没有人会做出这样的举动。"

跨国公司经常为中国员工举办培训课程，帮助他们适应西方式的管理，但小型企业却没有这样的机会。小型企业对这方面的需求非常强烈。

马云认为，中国工厂老板需要自己的一套礼仪培训，以让他们熟悉这一对他们来说仍很陌生的领域。在 2003 年一年间，阿里巴巴培训了超过 5000 名小型企业主，培训内容从如何写一封礼貌的商业信函到恰当的餐桌礼仪无所不包。

第4章　创新战略(上)

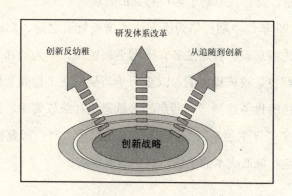

在自主研发上的出类拔萃，使华为在通讯领域激烈的市场竞争中始终立于不败之地，并且得到了高速的发展。在一片大好的形势下，任正非却看到了华为在技术研发中存在的隐患：一些华为研发人员醉心于对最好最新技术的追求，却往往忽略了客户的真正需求。

我们公司大力倡导创新，创新的目的是什么呢？创新的目的在于确保所创新的产品拥有高技术、高质量、高效率、高效益。从事新产品研发未必就是创新，从事老产品优化未必不能创新，关键在于我们一定要从对科研成果负责转变为对产品负责，要以全心全意对产品负责，实现我们全心全意为顾客服务的华为企业宗旨。

——华为总裁 任正非

HUAWEI 第一节　创新反幼稚

在自主研发上的出类拔萃，使华为在通讯领域激烈的市场竞争中始终立于不败之地，并且得到了高速的发展。在一片大好的形势下，任正非却看到了华为在技术研发中存在的隐患：一些华为研发人员醉心于对最好最新技术的追求，却往往忽略了客户的真正需求。

20 世纪 90 年代中期，华为进入快速增长轨道之时，启动了规模研发投入。据华为副总裁、首席法务官宋柳平回忆说，华为最初对"创新的根本内涵"理解也是模模糊糊的，以至于华为早期在工程师文化引导下开发的交换机和传输设备遭到了运营商的大量退货和维修要求，因为这些产品过度地强调了"自主创新"，而忽视了通讯产业"对已成熟技术的继承是提高产品稳定和降低成本的关键"这一基本事实。

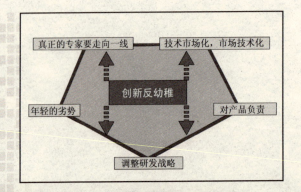

年轻的劣势

华为大多数是年轻人。"年轻"使华为快速发展,但也是华为最严重的缺陷。任正非曾经说过,华为最大的优势和劣势都是年轻,年轻人不怕失败,有冲劲,是华为的希望,同时,年轻人也容易冲动、易犯错误。因此,任正非提醒公司各级领导人,要严格把关,正确引导下属的行为,鼓励下属改进。

由于年轻的特点,很多华为人的好奇心代替了成熟,很多研发人员片面追求技术创新、功能的全面,不愿意去做提高可生产性、稳定性、可靠性等默默无闻的工作。在片面的"技术至上",甚至将技术领先作为一种炫耀资本的时候,华为出现了一个奇怪的现象——在某种复杂的产品上,华为人能够做得很好,但同类技术应用在简单的地方,效果却很差。这说明,华为人的技术突破能力很强,但把产品真正做好的能力很差。

真正的专家要走向一线

真正的专家要源于一线,也要走向一线。

对于专家的培养,过去有一些成见和误解,往往认为总部才是专家的摇篮。理由很简单而且看似合理:总部资源丰富,视野开阔,同时距离研发最近,从而做一线时间过长也成为很多人解释自己技术退化、知识积淀不足的自然而然的借口。这些认识固然有一定的道理,但是仔细推敲却不见得有其内在的必然性,并且容易让人忽视一线实践对于专家培养的重要性。正如有位客户这样评价一些技术人员:你们有些专家能讲清楚光纤的

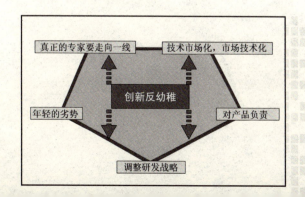

种类，而讲不清楚光纤的熔接；能讲清楚设备功耗的指标，却无法为我推荐一款可靠的电池；能讲清楚业务发放的流程，却从来没有去过运营商的营业厅。

真正的专家是不能缺少一线经验的，最好的给养其实来源于客户。专家要从一线中来，也要到一线中去，在与客户的碰撞和交融中检查和修正对待专业的标准，避免成为伪专家。

在一次工作汇报会议上，任正非指出华为的研发人员不贴近市场，而不考虑其研发成果是否能得到市场的认可，有闭门造车之嫌。于是他提出了"技术市场化、市场技术化"的口号。任正非在上海电话信息技术和业务管理研讨会上谈道：

> 我们号召英雄好汉到市场前线去，现在一大批博士、硕士涌入市场，3～5年后会对公司的发展作出推动。现在C&C08即使达到国际先进水平，也没什么了不起。因为您的产品是已有的产品，思想上仍是仿造的。唯有思想上的创造，才会有巨大的价值。例如：首先发明光纤通信。为使公司摆脱低层次上的搏杀，唯有从技术创造走向思想创造。杂志、资料不能产生思想创造，只有用户需要才能产生。所以我们动员公司有才干、有能力的英雄豪杰站出来，到市场前线去了解用户的需求。

技术市场化，市场技术化

"技术市场化，市场技术化"就是技术的创新要适应市场的变化。对技术公司来说，贴近市场进行研发是必须的，只有这样才能保证研发成果转化成产品，并被广泛采用，从而产生收益。"原来的开发模式是分离的开

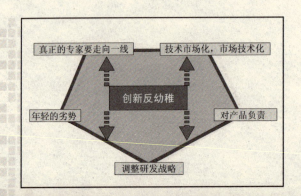

发模式，就是说我们的技术部门根据技术的发展情况设定技术路标，产品开发部门就根据技术路标去开发产品，再由市场人员提供给客户，进行推广销售。"华为副总裁、首席法务官宋柳平回忆在接受《21世纪经济报道》采访时说，华为深刻地感受到"技术引导"带来的危害性。

对此，任正非提出"从对科研成果负责转变为对产品负责"的口号。他在题为《全心全意对产品负责，全心全意为客户服务》的演讲中解释说：

现在在座的所有人都必须对产品负责，产品犹如你的儿子，你会不会只是关心你儿子的某一方面？你不会吧。一个产品能生存下来，最重要的可能不是它的功能，而只是一个螺丝钉，一根线条，甚至一个电阻。因此，需要你对待产品也像对待你的儿子一样。

据《21世纪经济报道》记者丘慧慧的分析记载，IBM带来的集成产品开发思路，为华为带来了一种跨团队的产品开发和运作模式：市场部、采购部、供应链、研发人员、财务部门、售后等在产品立项阶段就开始参与，从而确保产品在最初立项到实现，全过程都是依照客户的需求而产生；与此同时，成本竞争力的考核也贯穿始终，系统地分析通过购买和自主开发两种方式获得的技术对产品竞争力的影响。

对产品负责

没有了市场压力，就没有了华为。任正非希望通过市场压力的传递，使内部机制永远处于激活状态，永远保持灵敏和活跃。任正非将"卖不出去的研发成果"称作"奢侈性浪费"，并警告那些有盲目研发倾向的华为人："研发成果不能转化为商品，那就是失败！"任正非在题为《全心全意对产

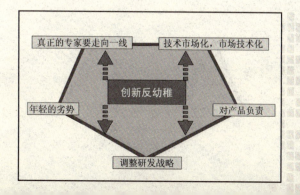

品负责，全心全意为客户服务》的演讲中谈道：

为了使我们的研发人员能够牢记"从对科研成果负责转变为对产品负责"这句话，我们年终将把库房里的呆滞物料打成一个个包，发给研发人员做奖状。每人一包，你可拿到市场去卖，请你回答，我们这历史累积上亿元的呆滞物料是怎么产生的？就是你们一笔一画不认真产生的。这么多的呆滞物料，经过这么大努力的处理还有数千万元是不能利用的，几千万元啊！我们有多少失学儿童，就是因为少几毛钱、少几块钱不能上学，这要让我们每一个研发人员铭记在心……

今年我们发中研部呆滞物料奖，明年我们要把用户中心的飞机票，也打成一个个包，再发给中研人员做奖状，让他拿回家去对亲人说是自己得的浪费奖！华为公司实行低成本战略，其实我们的产品成本并不高，而是研发浪费太大！浪费就是马虎、不认认真真……我们要真真实实地认识到我们所存在的问题，我们的最大问题就是上次在中研部提到的问题：幼稚，一定要反掉幼稚。我认为我们到下个世纪将不会幼稚，我们必须从现在开始就要反掉幼稚。

那是 2000 年 9 月，华为研发系统召开几千人的大会，任正非说道：

将这些年由于工作不认真、BOM（注：Bill Of Materials，材料单）填写不清、测试不严格、盲目创新造成的大量废料作为奖品发给研发系统的几百名骨干，之所以搞得这么隆重，是为了使大家刻骨铭心，一代一代传下去。为造就下一代的领导人，进行一次很好的洗礼。

任正非将闭门造车、自以为是的研发态度归结为"幼稚"，认为这是一种刻意为创新而创新，为标新立异而创新的表现。任正非要求华为全体员工要牢记：

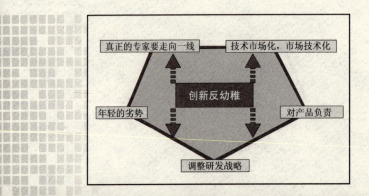

我们公司大力倡导创新，创新的目的是什么呢？创新的目的在于确保所创新的产品拥有高技术、高质量、高效率、高效益。从事新产品研发未必就是创新，从事老产品优化未必不能创新，关键在于我们一定要从对科研成果负责转变为对产品负责，要以全心全意对产品负责，实现我们全心全意为顾客服务的华为企业宗旨。

华为副总裁、首席法务官宋柳平是搞技术出身，对研发团队最易犯的"幼稚病"再清楚不过。他不断强调："不能任由技术创新脱离市场的缰绳狂奔。"华为对研发人员要求："不能只对项目的研发成功负责，要直接对产品的市场成功负责。"无论是产品的核心技术开发还是外观设计，都是如此。华为还从流程运作和考核机制上来保障这种导向。"任总想向社会表达一种声音，过度'自主'的创新，是危险的。"华为人士说，华为关于创新的核心思想是，如何解决企业的竞争力，满足"质量好、服务好、运作成本低、优先满足客户需求"这四点要求，而不过度强调是不是"自主"开发和创新，"那是个舍本求末的东西"。

调整研发战略

为避免研发人员只追求技术的新颖、先进而缺乏市场敏感，华为公司硬性规定，每年必须有5%的研发人员转做市场，同时有一定比例的市场人员转做研发。任正非在其题为《狭路相逢勇者生》的演讲中谈道：

新的产品研究体系的特点：一要保持持续领先；二要以客户的价值观为导向，强化客户服务，追求客户满意度。

研发战略调整之后，华为与客户之间的关系由原来的华为有什么好产

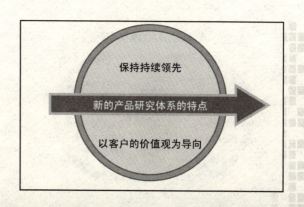

品，客户需不需要，转变为客户需要什么，华为来开发。这样应客户需求而进行的研发不仅使华为更加贴近客户，有效提高客户忠诚度和满意度，更直接影响了企业利润。

2002 年 6 月和 7 月，任正非在公司研委会会议、市场三季度例会上说：

如果死抱着一定要做世界上最先进的产品的理想，我们就饿死了，成为凡·高的"向日葵"。我们的结构调整要完全以商业为导向，而不能以技术为导向，在评价体系中同样一定要以商业为导向。

这里的"商业导向"是指客户需求。至今，华为展厅上展示的两句话仍是："产品发展的路标是客户需求导向；企业管理的目标是流程化组织建设"。这已经成为华为创新的核心价值观。

在华为"反幼稚"的那段时间，研发部的走廊里、电梯入口处，到处是"工宣队"制作的各种幽默的宣传漫画，一一列举什么叫研发的幼稚行为，如何去避免研发的幼稚病等等。

HUAWEI　第二节　研发体系改革

一个国家要真正强大起来，必须培育一大批自主创新而且具有国际竞争力的企业。实践证明，在国际化战略中，通过坚持走自主创新之路，华为掌握了国际竞争的主动权。

1999 年国内电子百强销售额第一的是联想，华为是第十。而计算利润的时候，华为是第一，联想成为第十。为什么？这是因为华为有自有知识产权的技术，利润率当然会远远超过联想。华为总裁任正非一句"对核心

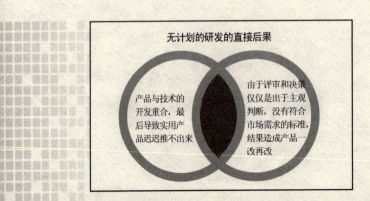

无计划的研发的直接后果

产品与技术的开发重合，最后导致实用产品迟迟推不出来

由于评审和决策仅仅是出于主观判断，没有符合市场需求的标准，结果造成产品一改再改

技术的掌握能力就是华为的生命"很好地体现了整个华为的定位。

其实在 1997 年的时候华为已经在尝试进行研发体制改革了。甚至还曾经专门找人去收集过类似 IPD 这种研发管理方面的资料，让华为高层一次一次地学习，然后也尝试着自己去做改革。但华为出现的问题让任正非下定决心请来著名"西医"——几家国际知名的顾问公司，在财务、企业管理和研发机制上对华为进行重新打造。其中进行得最早的、对企业影响最大的，就是华为的 IPD（Integrated Product Development，简称 IPD）——集成产品开发。

IPD 并不是一套简单的产品开发流程，它实际上是一套综合的流程和管理体系，该体系的卓越之处突出表现在"集成"上面。传统的产品开发项目组通常由设计人员构成，而 IPD 则要求将所有与产品研发有关的成员纳入到产品开发组 PDT（Product Development Team）中，由 PDT 经理统一管理，形成紧密的研发协同机制。在以 PDT 经理为核心的 PDT 核心团队中，包括了来自市场、采购、制造、研发、财务、质量和技术支援等各个功能部门的专家，团队的目标只有一个，那就是确保产品在市场上能够盈利，该团队要确保产品是符合公司战略与客户需求的、是低成本的、是符合质量要求的、是方便安装和维护的、是可追踪的。另外，这样的组织体系还可以保证来自上游业务部门的信息顺利且完整地传递到产品的研发过程中，并随时跟踪外界环境的变化。

这个 IPD 项目是华为花了几千万元顾问费，不声不响地请 IBM 来做的。IBM 的专家认为，华为在产品研发方面的主要问题是概念与计划阶段合并到了一起。这种无计划的研发直接造成了两个后果：首先是产品与技术的开发重合，最后导致实用产品迟迟推不出来；其次是由于评审和决策仅仅

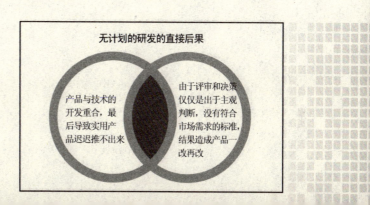

无计划的研发的直接后果

产品与技术的开发重合，最后导致实用产品迟迟推不出来

由于评审和决策仅仅是出于主观判断，没有符合市场需求的标准，结果造成产品一改再改

83

是出于主观判断，没有符合市场需求的标准，结果造成产品一改再改。对于华为在技术研发程序上出现的问题，任正非说：

这个世界上唯一不变的就是变化。我们稍有迟疑，就谬以千里。故步自封，拒绝批评，扭扭捏捏，就不止千里了。我们是为面子而走向失败，走向死亡，还是丢掉面子，丢掉错误，迎头赶上呢？

任正非对研发体系改革提出了几点要求：

从设计开始构建技术、质量、成本、服务的优势。实行集权、分权相结合的矩阵的网络管理体系，以缩短产品的研发周期，延长产品的生命周期。

调整后的华为研发体系以项目或者产品分为研发小组，采取由研发小组直接向销售经理负责的小组制。任正非认为，研发体系的战略队形和组织结构要随着环境变化进行调整和变化，不要僵化、教条，研发的价值评价体系要均衡。任正非在其题为《华为如何度过冬天？》的例会讲话中说道：

打仗的队形是可以变换的。原来我们往核心收得太厉害了，这样我们的技术进步快了，而市场就弱了一点。现在市场变化了，客户需求也变化了，我们可以扁平一点。在攻克新技术时，使队形变得尖一些，增大压强，以期通过新技术获得多一些的市场。当新技术的引导作用减弱的时候，我们要使队形扁平化一些，多做一些有客户现实需求但技术不一定很难的产品。当年的抗大校训就是"坚定不移的政治方向，艰苦朴素的工作作风，灵活机动的战略战术"，我们既要有坚定不移的方向，又不能过分教条，战略队形和组织结构要随着环境变化进行调整和变化。

任正非举了一个例子，一讲到宽带，大家就说一定要可运营可管理，就要打倒 CISCO（思科），我们是否也可以举起右手支持 CISCO，赚拥护 CISCO 的客户的钱。举起左手也可以做可运营可管理，赚反对 CISCO 的

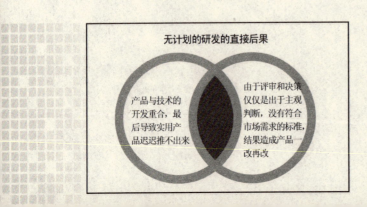

无计划的研发的直接后果

产品与技术的开发重合，最后导致实用产品迟迟推不出来

由于评审和决策仅仅是出于主观判断，没有符合市场需求的标准，结果造成产品一改再改

客户的钱。在工作中不能强调一边就忽略另一边，不能走极端。任正非认为，眼前华为的问题是利润不够，所以要做些小盒子到各地抢粮食去。所以队形要根据市场进行变化，不能僵化和教条，要有灵活机动的战略战术，华为的宗旨就是活下去。

2004年11月，任正非在华为公司例会上讲道：

研发对结构继续进行改革是允许的，不能把所有的东西都搞成僵化不变的。我们整个体系还没有完全按IPD运作，会存在流程不畅的问题。流程打通是迫在眉睫的，怎样打通全流程，希望每个PL-IPMT（产品线）提一个小组名单，组成跨部门的小组，先把市场、用服、研发打通，然后再把生产、采购捆进来，共同整改流程打通问题，简化程序。成立这个跨部门小组，这个小组就代表公司，有决定权，统管所有的流程。当然，这个小组主要是理顺产品线全流程，并不是多了一层机构。压强原则和组织结构的方向是一致的。当我们的形势变化了，我们一定要及时调整组织结构……

研发的评价体系要均衡，在研发体系不存在谁养谁的问题。今年我们的智能网拿到国家进步一等奖，我们其他的项目如果拿去评奖也都能得奖。所以，可以以产品线实施管理，但是要防止公司出现分离。国内的一些友商为什么做不过我们，因为它们是按项目进行核算，部门之间互不往来，如果它们能够集中精力，在一两个产品上超过我们是可能的。

所以，产品线还是要考核和核算，但不要说哪个产品赚钱，哪个产品不赚钱，赚钱的就趾高气扬，不赚钱的就垂头丧气，这样，公司很快就崩溃了。就像N公司的例子，几年前我去N公司时，请了手机部经理、基站部经理和系统部经理来交流，手机部经理就趾高气扬的，基站部经理也神采奕奕的，系统部经理就垂头丧气的，就是因为他们实行产品线考核，结果造成他们的

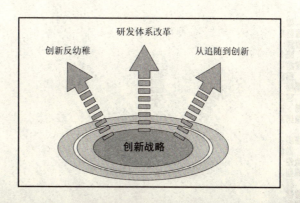

核心网和光网络就垮掉了。我们不能这样考核，今天是你贡献，明天是他贡献，大家都在贡献，我们要这样考核。

在华为，对于整个研发流程的考核一是考潜力的增长，二是考对公司的贡献。潜力的增长是对未来的贡献，现在的贡献就是收益，对整个大团队的考核必须兼顾到这两方面。任正非说道：

对每条产品线的考核是你们来考虑，不要太偏重利润率，要明确公司给你的目标是什么，给你什么样的资源，要围绕目标来考核。如果说光网络今天不赚钱了，不要光网络了，结果也无法使交换机进步。公司连续十年画一个大饼给你，要保证十年这个大饼都是存在的。我们要做均衡发展，今天不赚钱的项目也要加大投入，今天赚钱的项目要加大奉献。我们希望长远地生存下去，短期生存下去对我们来说是没有问题的，因此，评价要从长远角度来考虑。

对大 TEAM（团队）的考核一段时间内要目光短一些，多强调一点奉献；一段时间要强调潜力增长，眼光要远大一些，交叉地使用标准。一定不要认一死理，不然要不了几年土壤就板结了。这就是要根据外部形势来调整大TEAM 的队形。为什么我们设计虚拟利润目标，就是说效益也是可以用虚拟的方式计算的。

如果研发系统真正做到了人尽其用，的确需要进人是可以给一些指标的。但是，现在还有一部分人工作量不饱满的情况，这些人在公司找不到感觉也会走的。我们存在加班加点的原因主要是管理的不善。管理需要一系列的制度、方法、规划才能实现，是一门艺术。高层管理者可以袖子长一点，但在管理中注意适当授权，一层一层地放松一点，这样，每一层都能找到工作量。对研发人员要强调项目目标的考核和工作目标的考核，经理对员工的考核不

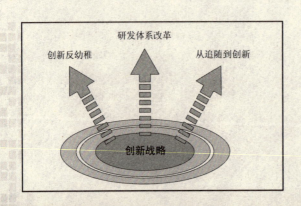

研发体系改革

创新反幼稚　　　　从追随到创新

创新战略

能简单化，工作时间投入只能做参考。不要仅凭加班来评价职工的优劣。

研发系统要培训一批团队领导，把管理的 TEAM 划小，建立不同建制的团队，这些团队能够整建制调动，打仗时需要多少个团队就加多少个团队上去，管理难度也就降下来了。现在研发的规模大，如果组织的规划没有做好，作战就没有方向。总监可以多一些，总监也可以是技术专家的一个代名词。

另外，干部部注意不要把做基础工作的人忽略了。也要注意用好技术体系的女同志，女同志有自己的特点，在质量、版本管理等方面有自己的优势。

据不完全统计，IPD 使华为整体研发成本降低了 40%。按照华为北京研究所路由器产品线总监吴钦明的说法，他们在开发路由器时，通过实施IPD，可以把最前端的产品发展趋势直接固化在后端产品开发计划中，并保障在开发路由器时"一板"成功，大大减少了废品率，并缩短产品开发周期。

第三节　从追随到创新

如果把"自主"定义为目标的话，那么，从模仿到自主就是中国企业创新的主要战略路径。模仿只是"中国制造"发展过程中的一个小阶段，想当年，英国工业革命时期的德国制造也曾广受诟病，日本制造当年在美国人眼里也不那么受欢迎，直到 20 世纪 90 年代中叶，韩国制造在中国也不那么入流。

三星公司 1969 年进入家电和电子产业，成立之初并不拥有和掌握最起码的电子技术，他们只能从日本索尼进口黑白电视机成套散件和基本的组

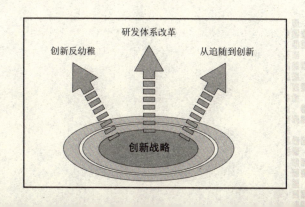

装技术，在外国技术人员的指导下进行组装，贴上"三洋"品牌销往海外低端市场。

在慢慢学习和掌握部分电子技术后，三星进一步模仿国外知名企业，并消化吸收外来技术，三星通过自主开发和收购、合作等方式进入了电子产品的高端市场。如今，三星电子开发的多项产品在高技术电子产品市场已占世界领先地位。

自主创新都要经历"模仿""跟随"的成长过程。随着中国企业创新能力的提升，"中国制造"也在一步步地升位。而且，在模仿与创新之间仅一步之遥。

业内笑传"思科一停止新产品研发，华为就会找不到方向"，这其实是所有本土企业共同的困境。通信产业的高科技特性会让胜者因一时之误、一念之差败走麦城，以前的华为更多的是做跟随者，但是今后，更多的是要自己决定做什么。

1998年，中国人民大学教授彭建锋在一篇文章中，提出对华为二次创业的建议："在10年时间里，华为技术的发展要由技术跟进向技术领先的模式转变，产品发展要实现跟进和模仿向创新和改进相结合的模式转变。"

华为技术先从关键零部件开始自主研发，以降低成本为目标。1998年后，华为根据《华为公司基本法》中制定的"研究开发政策"、"研究开发系统"等规定，开始了从技术跟进、产品模仿，向创新和改进的转变。当年投入研发的经费超过8亿元人民币，是销售额的10%。并且开始搞战略预研，进行基础研究。据《中国企业家》的记载，2000年之后，在越来越多的产品上，华为开始具备了改进并创新的能力。华为的技术实力已经在全球进入了第一阵营，并成为市场的领先者。但是华为在具体产品的市场

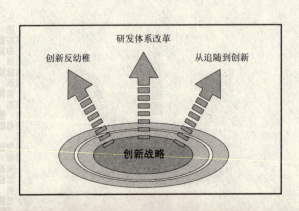

策略上却没有完全改变。思科起诉华为侵权的某个软件就是一个从技术角度看根本没有必要出现的相似软件，华为当初如果更成熟一些，本可以回避这样一个麻烦。

如今，华为已完全具备自主创新的能力。在多年以前，通信领域一直被称为"富人的俱乐部"，是欧美跨国企业的领地。对于中国的通信企业来说，连竞争的资格都没有。

由于互联网的发达，使创造发明更加广泛化了、更容易了。华为充分意识到需要在知识产权方面融入国际市场"俱乐部"，知识产权是国际市场的入门券，没有它高科技产品就难以进入到国际市场。

为此，华为积极参加国际标准化组织，通过加入其中更好地进行研发。华为于2001年1月份成为ITU部门成员，迄今为止已加入了91个国际标准组织，如ITU、3GPP、3GPP2、ETSI、IETF、OMA、IEEE等，并在这些标准组织中担任100多个职位。

"华为最有价值的东西，不是宽大的厂房，而是拥有一系列完全知识产权的核心技术"，华为一位高层这样说道。华为之所以能够加入竞争行列，关键在于很早就确立了一套非常行之有效的知识产权战略和工作制度。

以自主创新技术和自主知识产权为后盾，华为有志于"与高手过招"，逐渐向国际高端市场进军。从2003年开始，华为产品不仅在传统市场销售稳步增长，而且规模挺进西欧、北美等发达国家，实现了国际各大主流市场的全线突破，成为国际电信市场的主流供应商。

正如战略管理大师迈克尔·波特所说："战略的原则是你希望找到一个不同的竞争方式，你们不希望做同样的事情，因为如果做同样的事情的话，必须要打价格战的。如果你要打价格战的话，就会让你的利润率下降。所

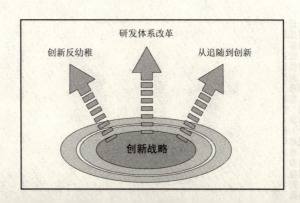

以考虑这些不同的事情就必须要了解你的地位、你的技能，你可能会得到一个相对的优势。每个公司的情况都不一样，没有一个现成的公式。你必须有创造力，你必须是一个革新者，你必须创造一个新的定位，你不能是抄别人的做法。我觉得很多的经理会感到很沮丧，因为他们想要规则：你就是告诉我怎么做。我总是说没有标准答案，如果这里有一条规则的话，那会导致失败。因为如果大家都这么做，谁也不会取胜。所以说战略性的问题很复杂，如果你讲的是运营效益改善的问题，改善你的供货链或者说生产方面的问题有很多的规则，大家都可以照着做。但是战略这个东西是一个非常困难的领域，因为是需要有创意的、是需要最终的创意，可以有一些框架或者是结构可以指导你的这个创造性，但是最终高层必须有创意，必须有这个胆识才可以做到别人没有做的事情。"

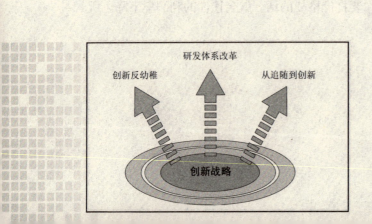

迈克尔·波特：创新可以化劣势为优势

荷兰的花卉出口量占据世界花卉出口量的65%左右——考虑到花卉行业最重要的生产投入要素似乎是土地和气候，这是一个令人震惊的数字，因为去过荷兰的人都知道，该国在这两个要素方面都处于劣势。荷兰人不得不围海造田，而且这个国家的天气糟糕得出了名。

在缺乏传统意义上的比较优势的情况下，荷兰人是怎样成为世界花卉行业的领导者的呢？原因有很多，其中之一就是他们在价值链的每个环节上都进行了创新，创造了新的技术和高度专业化的投入要素，这些技术和投入要素提高了资源生产率，弥补了该国在自然资源上的不利条件。

例如，在销售和分销上，荷兰有5个专门为花卉业务而设计的拍卖场。装着鲜花的小货车沿着计算机控制的路线被自动拖行到拍卖厅。购买过程在几秒钟内就完成了。买家坐在一个阶梯式的交易大厅里，大厅前方挂着一个个拍卖钟（auction clock），钟面上的价格逐渐下降，直到第一个买家按下电子按钮发出购买信号。很快这个买家的号码就被贴到小货车上，然后货车被送往公司的装运和处理区。几分钟之内，鲜花就被装上了一辆卡车运往地区性市场，或者放入特制的冷藏柜中运往附近的史基浦（Schiphol）机场。其他地方或许也有良好的机场和公路体系，但是荷兰具有创新性的专门化基础设施为它赢得了竞争优势，创造了非常高的生产效率。这个体系非常成功，以至其他国家的花卉种植者也把鲜花空运到荷兰进行处理、销售和再出口。

　　似乎有悖常理的是，缺少一般性的或更为基本的投入要素，有时反倒能转化为一种优势。如果土地充足，气候也更加适宜，荷兰可能就会采取与其他国家一样的竞争手段。但是荷兰人被迫进行创新，开发出了一个全年温室栽培的高科技系统。他们还在不断改进这项独特的专业化技术，正是这项技术创造了极高的资源生产率，巩固了自己的竞争力。

　　相反，如果一个国家拥有充足的劳动力和自然资源，或者缺少环保压力，这个国家的企业在自然资源的使用上往往就会十分低效。一般来说，廉价生产要素的利用效率可能会低一些，以这种生产要素为基础进行竞争在较为封闭的、非全球化的经济环境下是足够的。但是今天，随着那些拥有廉价劳动力和原材料的国家成为全球经济的一部分，这种旧战略就难以为继了。

（本文摘编自《环保与竞争力：对峙的终结》，

《哈佛商业评论》2006年1月号）

彼得·德鲁克：创新机遇的来源

在经济中，没有比"购买力"（Purchasing Power）更重要的资源了。但是购买力是企业家创新的结果。在 19 世纪初期，美国的农民实际上没有什么购买能力，因而也无力购买农机具。当时，市场上有许多收割机，但是，不论农民多么想要它们都付不起这个钱。于是有一位收割机发明者麦克科密克创造了分期付款制度。这种方式使得农民能够以未来的收入来购买收割机，而不是仅仅只靠过去微薄的储蓄——于是，一夜之间，农民就有了购买农机具的能力了。

同样的，凡是能改变已有资源创造财富的潜力的行为就是创新行为。

将卡车车身从轮子上卸下来，放置于货运轮船上的点子并没有多少新的技术含量在里面。这个"创新"集装箱——根本不是脱胎于科技，而是根源于一种将"货运轮船"视为物料装卸设备而非"船"的新概念，这个概念意味着真正重要的是使在港口停泊的时间尽可能缩短。但是这个貌似平凡的创新却使远洋货船的效率提高了四倍，很可能也拯救了海运业。没有它，世界贸易近 40 年来的巨幅增长——在任何主要经济活动中却创下了最快增长的记录——就不可能发生。

真正使教育普及的不是对教育价值的普遍承诺，也不是对从事教学的老师进行的系统化培训或教学理论是不起眼的创新：教科书。教科书很可能是捷克伟大的教育改革家夸美纽斯的创造——17 世纪中叶，他设计并使用了第一套拉丁文的教材。如果没有教科书，那么即使是一个非常出色的老师一次也只能教1~2个学生；有了教科书，即使是一个表现平庸的老师也能够将一些知识灌输到30~35个学生的大脑中。

正如这些事例所显示的，创新不一定是技术上的，甚至可以不是一个实实在在的"东西"。从影响上看，只有少数技术性创新可与报纸或保险这种社会创新抗衡。分期付款制改变了经济。任何领域只需引进分期付款制，它就能将经济从供应驱动型转变为需求驱动型，不管该领域的生产水平如何。现代形式的医院是18世纪启蒙运动的一种社会创新，它对医疗保健的影响大于许多药物上的进步。管理——即"有用的知识"——首次使拥有不同技艺和知识的人能够在一个"组织"中一起工作，它是本世纪的创新。它将现代社会转变成我们尚无政治或社会理论来加以诠释的崭新体系：一个组织的社会。

****

94

与其说"创新"是科技的术语，不如说是经济或社会的术语。我们可以用萨伊定义企业家精神的方式定义它：创新就是改变资源的产出。或如现代经济学家惯常所做的那样，将它从需求的角度来定义而不是从供给的角度，即定义为改变资源给予消费者的价值和满足。

我认为上述两种定义究竟哪一个更合适应该根据具体情况而定，而不是根据理论模式。一体化的综合炼钢厂向小型钢厂（原料为废钢而不是铁矿石，生产出的是成型的产品如梁架和圆钢，而不是需要再加工的粗钢）的转变从供给的角度加以说明和分析最合适。最终产品、最终用途以及客户都没有变，而成本却大幅度地降低了。同样的供给定义大概也适用于解释集装箱的发明。但是，录音带或录像带尽管都是技术创新，却更适于用消费者价值和消费者满意度来加以说明和分析。此外，卢斯（Henry Luce）在20年代创办的新闻杂志——《时代》(Time)、《生活》(life) 和《财富》(Fortune)，以及70年代末和80年代初创建的货币市场基金，这些社会创新也适合用这个定义来说明和分析。

然而，我们尚未发展出一套创新理论。但是我们的知识已经足以说明一个人何时、何地以及如何系统地寻找创新机遇、如何判断成功的机遇或失败的风险。而且我们的知识也足以发展出创新的应用惯例，虽然还相当粗略。

****

现在我们又遇到了同样的、与创新有关的事情。企业家必须学会如何进行系统化的创新。

成功的企业家不会坐等"缨斯的垂青"，赐予他们一个"好主意"（bright idea），而是努力实干。总而言之，他们并不求惊天动地，诸如，他们的创新将掀起一场产业革命，或建立一个"亿万资产的企业"，或一夜之间成为巨富。有这种大而空、急于求成想法的企业家注定要失败，大多数都会干错事、走错路。一个看似伟大的创新结果可能除了技术精湛外什么也不是；而一个中度智慧的创新，如麦当劳，反而可能演变成惊人且获利颇丰的事业。同样的道理亦适用于非商业性事业和公共服务的创新。

成功的企业家，无论他们个人的动机是什么，为钱、为权、猎奇或追求名誉，试图去创造价值或有所贡献，他们的目标都非常高。他们不满足于只是对已有事物加以改善或修正，他们试图创造出新颖、与众不同的价值和满意度，试图将"一种物质"转换成一种"资源"，或将已有资源组成新颖、生产力更大的结构。

变化（changes）提供了人们创造新颖且与众不同事物的机会。因此，系统的创新存在于有目的、有组织地寻找变化，存在于对这些变化可能提供的经济或社会创新的机遇进行系统的分析。一般来说，变化是时刻在发生或已经发生的。绝大多数成功的创新都是利用变化而达成的。诚然，许多创新本身就是重大变化，如一些重要的技术创新，如怀特兄弟发明的飞机等就是例证。但是这些是例外，而且是相当不寻常的情况。大多数成功的创新都很平凡，它们只不过利用了变化而已。由此看来，创新科目（它是企业家精神的知识基础）是一门诊断科目：对提供企业家机遇的变化领域进行系统的检查。确切地说，系统的创新即指追踪创新机遇的七大来源。前四大来源存在于企业内部，不论是商业性或公共服务性机构，或一个工业或服务领域。因此，能够看到它们的人主要是那个工业或服务领域的人。

它们基本上是一些征兆。但却是那些已经发生的变化——或只需少许努力就能发生的变化——的可靠的指示。这四个来源是：

★意外之事——意外的成功、意外的失败、意外的外在事件；

★不一致之事——现实与设想或推测的不一致；

★基于程序需要的创新；

★每一个人都未注意的工业结构或市场结构的变化。

第二组创新机遇的来源（后三种来源）涉及企业或工业外部的变化：

★人口统计数据（人口变化）；

★认知、情绪及意义上的变化；

★新知识，包括科学和非科学的。

意外之事—意外的成功、意外的失败、意外的外在事件
不一致之事—现实与设想或推测的不一致
基于程序需要的创新

七个创新机遇

每一个人都未注意的工业
结构或市场结构的变化
人口统计数据（人口变化）
认知、情绪及意义上的变化
新知识，包括科学和非科学的

七个创新机遇来源的界线并不分明，彼此之间有相当多的重叠部分。它们好比是七扇位于同一个建筑物不同方向的窗口。每一扇窗口展现的一些景色也可以从邻近窗口看到，但是从窗口中心看到的景观却是互不相同。

由于每一个来源都有自己的独特属性，因此，这七项来源需要单独进行分析。然而，没有哪一个来源天生比其他来源更重要或更具生产力。重大的创新可能来自对变化征兆（诸如产品或价格上不经意的变化所产生的意外的成功）的分析，也可能来自伟大的科学突破所带来的新知识的广泛应用。

但是，这些来源的讨论顺序并不是随意的。它们按照可靠性和可预测性的程度，由高到低排列。与普遍的认识相反的是，新知识——特别是新科学知识——不是成功的创新最可靠或最可预测的来源。虽然科学创新非常引人注目、风光、重要，但它实际上却是最不可靠和最不可预测的。相反的，对隐性变化征兆——如意外成功或意外失败——的平庸且无吸引力的分析，其风险性和不确定性却是相当低的。一般来说，从这里产生的创新能够在最短的时间内——从创建企业时起——预测到结果，不管是成功还是失败。

（本文摘编自《创新与企业家精神》，作者：彼得·德鲁克，
来源：机械工业出版社，内有删节）

爱立信的创新战略

尊敬的来宾，女士们、先生们，下午好！非常感谢大家邀请我在此做主题演讲。能与各位一起分享我们对创新的认识以及创新在企业成功中日益重要的推动作用，我和爱立信公司都感到十分荣幸和高兴。

中国有句谚语：他山之石，可以攻玉，比喻有智慧的人可以从别人的经验教训中获得启发。在此，我希望爱立信的经验也能对大家有所惠益。如今，创新对于推动经济发展、社会进步和企业成功显现出前所未有的重要性，因为我们正在众多领域面临着更为严峻的挑战。在此，我想谈谈以下几点：

首先，快速的全球化进程，尤其是通信技术的迅猛发展，让我们生活中各个层面的竞争更趋激烈、范围更广。环境和能源问题是我们面临的第二大挑战，它督促我们警醒，也要求我们为可持续的发展寻求一条绿色环保的途径。第三大挑战是，知识密集型经济的发展使创新能力成为推动国家经济、企业成长以及个人职业发展取得成功的一个关键因素。

我很高兴地看到，一些知识型企业、金融市场和政策制定者正越来越多地意识到创新的重要意义。在中国，中央政府已经把培育创新文化纳入其第十一个"五年计划"当中。近来，创新不再单纯属于技术的范畴，而更多地被认为是一种思维方式和思想观念。在商业领域，激烈的竞争让许多制造厂商的利润越来越薄、附加值也越来越低。而各行业中能获取最大利润的企业，往往是那些具有创新意识的知识密集型企业。

同样，只有大力支持创新的国家和地区，才能拥有最具活力的经济。企业文化和有利于创新的健康环境，如政府政策制度的支持，对于推动创新、响应市场乃至整个社会对创新的呼吁是至关重要的。

现在，我想与大家分享一下爱立信的经验，即如何把创新作为公司发展的推动力。作为瑞典的行业楷模，爱立信在国际电信业务中发挥着举足轻重的作用。在电信行业中，爱立信在推动移动和宽带通信领域的技术开发方面拥有着毋庸置疑的领导地位。我们的通信系统连接了世界上百分之四十的移动电话——这一数字是其他任何系统提供商的两倍以上。

而取得如此成就的一个重要原因就是我们在研发上的投入。公司约有三分之一的员工在从事研发工作，2006 年销售额的 16% 以上用于技术研发。我们感到自豪的是，爱立信是整个电信领域中在研发方面投入最大的企业。在过去的十年，爱立信经历了从传统电信向未来电信的过渡，完成了从单纯的生产制造到提供系统集成和托管服务的转变，并从一个服务和解决方案提供商发展成为了一个积极倡导全沟通世界的领军企业。

六年前，我们与索尼成立了经营手机业务的合资企业，目的是把我们的精力集中在核心业务领域。索尼 - 爱立信现在是世界上第四大手机生产商，而且还力争跻身于行业的前三甲。三年前，我们成立了全球服务业务部，体现了爱立信在全球知识经济不断增长的环境下制定的发展战略。两年前，我们收购了马克尼，以巩固我们在固定和移动宽带融合领域的地位。自 2007 年以来，我们开始涉足三个业务领域：网络、全球服务和多媒体，旨在紧跟市场发展趋势，增强我们的领先优势，进一步扩大我们的市场范围。

企业转型需要新的创新战略、新的业务模式以及为转型随时提供支持的企业架构。爱立信现在的稳固地位源自 2000 年进行的大刀阔斧的改革和重组，在企业内部积极推行创新文化，从此踏上了一条创新之路。爱立信不再只是一家制造型企业。我们三分之一的销售额来自全球服务部，这个部门的主要业务是为电信运营商提供网络服务和其他 IT 无解决方案。

爱立信身处快速变化的行业当中，每天都要面临激烈的行业竞争。我们目前所处的领先地位和未来的发展势态，均取决于公司的创新能力。几十年来，研发和创新已经成为爱立信赖以生存的核心战略。创新能力的形成是一个循序渐进的过程，需要先进的管理理念和不断学习的精神。

为了适应发展如此迅猛的行业，它还需要与时俱进的战略，以及预见未来技术变革的能力。将研发转化为商业成果的能力也是成功的创新企业的主要特征之一。近年来，我们整合了研发中心，并将公司的投入集中在核心技术领域，因而改善了研发工作的效率，加快了产品上市的速度，而且得以投入多媒体解决方案等新的领域。

尽管我们是一家勇于创新的企业，拥有精湛的技术和完善的服务体系，但我们最大的财富是公司所拥有的人才储备。企业的发展依靠的是全体员工的共同努力和积极参与。爱立信名下注册的专利达2万多项，而这一成就的真正含义在于，每个专利产品都体现着我们员工的种种创新。我们树立了专业进取、尊爱至诚和锲而不舍的核心价值观。我们培育了爱立信独有的企业文化，激励员工以自信、热情、积极和负责的态度迎接挑战。

我们建立了完善的制度，帮助每名员工衡量和规划他们的个人业绩，而且为员工提供了一个激励他们不断学习的工作环境。我们还为有领导潜质的员工提供了个人发展、在职培训和岗位转换的机会，培养他们的工作能力和锐意进取的精神。我们一直在为成为员工的首选企业而不懈努力，确保公司员工感到他们的贡献是有价值的，他们的努力是受到认可和尊重的。爱立信还积极为瑞典及其他国家的大学研究机构提供支持，建立起从高校和其他研究机构获得研发成果的良好渠道。

……

我听说过一些有关瑞典人的创新天赋的笑话。由于冬季漫长而严寒，瑞典人没别的可干，只能待在家里，围坐在火炉旁，让我们的想象力恣意驰骋。众所周知，创新来源于知识和技能，不能照搬。要达到创新，有很多种方法，例如从学校开始。在北欧国家，高中教学中就开设了创新的课程。学校会教高中生如何创业、如何走向市场，以及如何推销产品和服务。瑞典政府为培养年轻管理者的创业精神和创新意识而不断推出新的方案。通过这种方式，我们改变对创新的态度，塑造锐意创新的观念，让瑞典人始终在创新排行榜上名列前茅。

如果十年前，你问一个大学生"你想做什么"？答案会是"去大公司工作"！但时至今日，许多大学生会回答"我想自己开公司"。这就是观念的改变。瑞典人和中国人都是创新的民族。看一看联想和中兴所取得的成就，我们就不得不叹服中国人民的创新能力了。中国人不缺乏长远的眼光，更不缺少深邃的智慧。只是罗马建立非一日之功。爱立信用半个世纪的时间才在电信业树立了自己在全球的领导地位，瑞典政府用了数十年时间才为下一代年轻人灌输了新的观念。

中国需要多长时间才能让世界看到新产品、新趋势、新业务模式和大型企业的涌现？请大家屏息等待，无需多少时间。我和你一样为此深信不疑。在我结束演讲之前，向各位致以最良好的祝愿：让我们携手创新，共造辉煌。

谢谢！

（本文为 2007 年 10 月，在第九届高交会"全球 CEO 论坛"上，爱立信集团副总裁、爱立信大中华区总裁马志鸿的演讲）

第5章 创新战略(下)

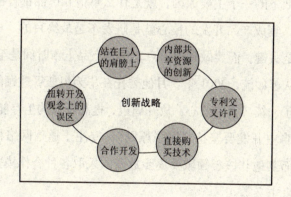

早在华为创业前期，华为中研部在研发队伍里广泛宣传如下思想：要反对盲目的创新，经过理性选择的借鉴、仿造、拼装都是创新；技术进步与市场变化都很快，产品技术就像资本等其他资源一样，是可以开发或获取、组装的，中研部可以通过公司内部的研发活动得到发展，也可以用各种不同的方式获取。

基本专利的成长过程是十分漫长而艰难的，基础专利的形成要经历很长的时间，要耐得住寂寞，甘于平淡，急躁反而会误事。即使是应用型基本专利的成长，也至少需要 3 ~ 5 年。所以华为一直倡导并建立了相应机制，鼓励板凳要坐 10 年冷。

但是，在这个过程中，华为在研发上也经常面对其他中国企业还没有遭遇的更高层次的问题。比如，强调自主研发虽是中国大多数企业所不具备的能力，但是自主研发在给华为带来快速发展的同时，也逐渐成为华为继续发展的阻碍——这几乎就是华为总裁任正非一直坚信的"商业辩证法"的体现。

HUAWEI 第一节 扭转开发观念上的误区

在 1998 年集成产品开发项目的推行过程中，IBM 的顾问们发现了华为研发效率低下的一个主要原因，就是什么事情和产品都自己做。IBM 顾问提醒华为，集成产品开发的核心就是研发不是最终目的，成果可以在市场上赚钱才是关键。而要做到这一点，缩短产品上市时间是至关重要的。

任正非从善如流，2001 年 5 月他委托在华为担任管理顾问的人大教授黄卫伟发表了一篇《收紧核心、放开周边，提高企业的生存能力》的文章。其主题就是自主开发要坚持"压强原则"，专注于通信网络核心技术的研究与开发，而其他非核心领域要逐步放开，采取各种合作模式来获得，即所谓的"拿来主义"。

华为虽然拥有数量庞大的研发人员，具有在国内首屈一指的研发能力，但是与国际上的竞争对手相比，仍然是有差距的，即使在核心技术领域，

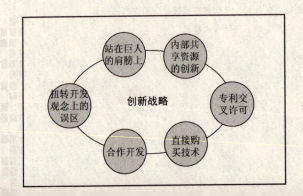

华为也不可能面面俱到。这个时候，华为必须坚持客户需求导向的原则，从投资回报的商业利益出发，来决定是采取自主还是合作。在与研发部门人员座谈的时候，任正非也反复强调，在产品开发的时候华为绝不能什么都自己做：

只有自给自足的农民才会自己什么都做。

华为终于决定，要坚定地走出去，积极融入国际性行业组织中，广泛地与业界同行交流、合作、协调，特别是积极参与行业论坛以及行业标准开发组织，共同致力于行业的成长和发展；并在把握行业发展趋势的同时，顺应业界潮流、顺应相应的规则，厚积薄发、投放有序、广泛合作、优势互补，共同推进行业的发展和进步，构建良好的商业发展环境。

2001 年，任正非向研发部门下达指示，务必将合作研发的比例从 2000 年只占研发总经费的 3% 逐步提高到 20%。刚开始，这种硬性推进合作的方式并没有起到预想的效果，因为大多数华为研发人员固守之前的研发观念，强调独立自主，凡事只考虑自己做，从来不考虑后果。这种观念在华为刚起步时是非常必要的，但是进入了 21 世纪，合作已经成为所有企业生存的一种方式，华为当然不能再执著于陈旧的开发观念。其所有研发人员必须扭转忽视合作的态度，在观念上、组织上、技术操作上、管理上对合作有一个较大的转变，切实地开展对外合作工作。

然而，他们很快就发现，问题还是出在华为研发人员固有的开发观念上。长期强调独立自主，使得研发人员原有的观念根深蒂固。华为公司首席运营官洪天峰在宣传中指出：华为以前是成功，但不等于按现在的方法在将来也会成功，所以华为一定要扭转开发观念上的误区。

任正非对于华为在技术上做什么不做什么曾经有过这样的反思：

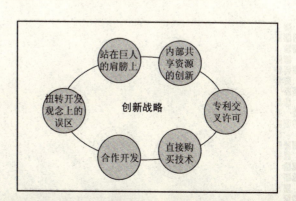

过去我们对如何提高企业核心竞争力有误解，太强调自主知识产权的重要性，什么事情都要自己做才好。这是一种错误的观念，因为它没有从业务的角度去考虑提高我们的核心竞争力。知识产权倒是自主了，但是自己做出来的东西总赶不上市场的时间，质量和竞争力也很差，这种自主知识产权有什么用呢？

任正非也承认，在这一点，国内对手中兴通讯等在这方面的思路都比华为更为开阔。技术出身的侯为贵并不迷信技术，他深信最先进的技术并不等于能为消费者所接受和欢迎的业务，所以他一直在努力寻找技术、市场和政策相结合的最佳产品。小灵通就是一个很有说服力的例子，中兴通讯正是借助看似没有什么技术含量的小灵通，忽然发力，风头盖过华为。再比如思科有一个专门的合作部门，其中有上百位技术、财务、决策、计划等各方面的专家，他们每年都投入大量的资金专门寻找和评估各种合作机会。任正非显然并不回避竞争对手的成功经验，他希望华为研发人员不光要扭转"独立研发"的观念，同时更要确立向竞争对手学习的良好心态。

2004 年华为推出一款 WCDMA 的分布式基站，相比传统的基站，运营商每年的运行、维护费用可节约 30%。但这款产品并没有革命性的技术，也不存在过多的技术含金量，仅仅是工程、工艺上的改进而已。

事实上，在产品工程的实现技术方面，华为也经常遇到瓶颈，包括算法、散热技术、工艺技术、能源、节能等方面的重重障碍。要解决这些问题，华为也不全靠自主开发。考虑到等自主开发出来了，可能市场机会早没有了，或对手已在市场上构筑了优势，所以华为经常采用直接购买技术的方式来缩短差距并构筑领先。

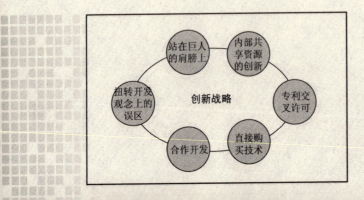

创新战略

第二节 站在巨人的肩膀上

我们提出了在新产品开发中，要尽量引用公司已拥有的成熟技术，以及可向社会采购的技术。利用率低于70%，新开发量高于30%，不仅不叫创新，而是浪费，它只会提高开发成本，增加产品的不稳定性。当然，我们公司将来也会有许多人在未知领域去探索，也可能会有很大的成就，我相信会有这样的人才出来。但从公司的使命来看，我们是在做产品，完全创造性的东西在目前阶段没有可能和必要存在，将来也可能存在，存在的时候当然不会埋没你、压制你，一定会给你机会。但如果我们能在前人基础上善于总结善于提高，仅用五到十年时间，你们的孩子还刚上小学，你们就可能是世界有名的专家，因此你们将有资本向你们的后代炫耀。但如果你们现在妄自浪费青春，一味自己埋头苦干，转来转去，你们的青春将不是无悔，而是懊悔不已。你不可能一个人去达到世界水平。

以上是华为总裁任正非在其题为《创业创新必须以提升企业核心竞争力为中心》演讲中的内容。任正非号召研发人员研发一个新产品时应尽量减少自己的发明创造，而应着眼于继承以往产品的技术成果，以及对外部进行合作或购买。

1998年，任正非就给华为定下了这样的目标：广泛吸收世界电子信息领域的最新研究成果，虚心向国内外优秀企业学习，在独立自主的基础上，开放合作地发展领先的核心技术，用我们卓越的产品自立于世界通信列强之林。

华为副总裁、首席法务官宋柳平认为，在通信领域，中国企业普遍起

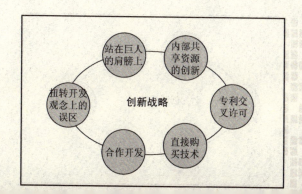

步较晚，当华为进入电信行业时，国外的公司已经在这个领域里持续地成长了数十年，积累了大量的智力成果。在华为的创新观念中，首先就是肯定和承认他人的优秀智力成果，承认与西方公司的差距，并勇于继承、善于继承，在继承他人优秀成果的基础上开展持续的创新。

2009 年，宋柳平在接受《南方日报》采访时说道："我先讲一个对应的概念'封闭式创新'。我们面临的是一个复杂多变的世界，不创新的公司必然灭亡，而采用狭隘的、封闭的模式，片面地强调全面'自主创新'，同样也是十分危险的。

"'封闭式创新'直接导致了创新活动的重复劳动，效率低下，而拒绝使用他人的创意和技术也就意味着放弃通过对别人成熟、先进的创意和技术的使用获得额外利润的机会。

"日本在 2G 移动通信时代，要发展一套自己的技术标准 PDC，正是因为这一完全'自主创新'的技术，导致其 2G 时代的网络与全世界的网络都不能兼容，成为与世界不能兼容的'窄轨'。贝尔实验室的解体与后来的朗讯被并购，也都深刻地表明了'封闭式创新'的后果就是被时代淘汰。"

在 2008 年天津夏季达沃斯论坛"科学和技术的全球化"论坛上，思科公司首席科技官 Padmasree Warrior 提出，对于企业而言，自身的技术创新固然很重要，但借助互联网络在全球范围协作，可以进一步加速创新进程，这是今后发展的一大趋势。"我们相信，更多创新的理念都是在全球合作中不断产生的。虽然思科内部能产生很多的创新理念，但并没有舍弃与外界的合作，如与麻省理工大学合作研发，甚至直接从外部购入一些技术"。

可见，创新已不单是一个企业或者一个部门所能完成的事情了。

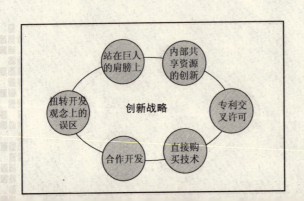

第三节　内部共享资源的创新

　　早在华为创业前期，华为中研部在研发队伍里广泛宣传如下思想：要反对盲目的创新，经过理性选择的借鉴、仿造、拼装都是创新：技术进步与市场变化都很快，产品技术就像资本等其他资源一样，是可以开发或获取、组装的，中研部可以通过公司内部的研发活动得到发展，也可以用各种不同的方式（如协作、合作，交流、购买，以及分析有许可证的技术、专利等）获取。

　　在华为内部，早期是凭经验进行产品开发，出了问题再一个个去解决，后来，任正非主张各个部门要充分开放，充分利用各种资源，任何部门和个人都不能将本部门或自己的技术创新、成功的经验甚至失败的教训"藏"起来。华为动员所有员工把自己的心得贡献出来，这节约了很多时间和资源。

　　2000年，任正非在QCC活动上的讲话中谈道：

　　华为公司产品不够稳定，而且中央研究部不大愿意参加QCC活动呀。什么叫做客户满意度？客户的基本需求是什么？客户的想法是什么？他把客户的想法未经科学归纳就变成了产品，而对客户的基本需求不予理会，产品自然做不稳定。他盲目地自以为是创新，他认为做点新东西就是创新，我不同意这个看法。

　　我刚才看了"向日葵"圈，他们就是创新呀，因为把一个不正确的东西，把它的不正确率大幅度降下来了。他们付出了巨大努力，找到了里面的规律，就是创新。特别是我们研发系统，一个项目经理上台以后，生怕别人分享他

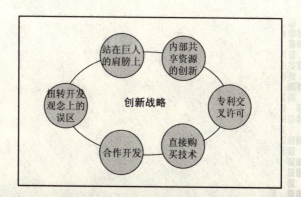

的成果，因此就说所有这个产品的东西都是他这个项目组研究的。那我就给中央研究部的干部说一句话，像这样的人不能享受创业与创新奖，不能因为创业、创新就给他提升晋级，而且他不能做项目经理，他实在幼稚可笑。华为公司拥有的资源，你至少要利用到70%以上才算创新。每一个新项目下来，就应当是拼积木，最后那一点点才是不一样的，大多数基础都是一样的。由于一些人不共享资源地创新，导致我们很多产品进行了大量的重复劳动，根本就不能按期投产，而且投产以后不稳定。上一次我看了中央研究部有一个组织奖，还有一个BOM清单（中试水晶）组得奖，所以我想，我们很快要开展什么叫做核心竞争力、什么叫做创业、什么叫做创新的大讨论。我希望每个组都要发言，特别是你们做了小改进的。你光看他搞了一个新东西那不是创新。我刚才讲了研发系统，有些项目研发的时候连一个简单东西都自己开发，成本很高，他不是创新，他是消耗、浪费了公司的宝贵资源。一个大公司，最体现降低成本的措施就是资源共享。人家已经开发的一个东西我照搬过来装进去就行了，因为没有技术保密问题，也没有专利问题，装进去就行了，然再适当做一些优化，这样才是真正的创新。那种满脑子大创新的人实在是幼稚可笑的，是没有希望的。

通过讨论和典型案例的宣传，华为中研部拓展了资源共享的新形式，认为不仅要充分共享公司的资源，还要共享公司外部的资源，包括竞争对手那里都有大量可以学习的东西。

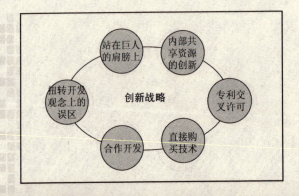

第四节 专利交叉许可

专利交叉许可，也可以称之为双向交叉许可（Cross-licensing），它是一种基于谈判的、在产品或产品生产过程中需要对方拥有的专利技术的时候而相互有条件或无条件容许对方使用本企业专利技术的协定，从而可使企业避免昂贵的知识产权侵权诉讼，将不同企业的互补性技术组合起来，减少交易成本，同时增加专利的使用价值，促进技术的传播。其中，交叉许可协定的内容并没有统一的标准，除了容许双方使用各自的、已被授权的专利技术外，还可以包括固定或可变动的许可费，同时还可以包括双方拥有的所有专利或部分专利以及未开发的专利等。

今天，由于技术标准的开放与透明，未来再难有一家公司、一个国家持有绝对优势的基础专利，这种关键专利的分散化，为交叉许可专利奠定了基础，相互授权使用对方的专利将更加普遍化。

华为公司历来尊重别人的知识成果和知识产权，同时也注意保护自己的知识产权。华为与众多西方公司按照国际惯例达成有关知识产权谈判和交叉许可，在多个领域多个产品与相应的厂商通过支付许可费的方式达成了交叉许可协议。宽带产品 DSLAM 是阿尔卡特发明的，华为经过两年的专利交叉许可谈判，与其他公司达成了许可协议，华为会支付一定的费用，换来的是消除了在全球进行销售的障碍，经过努力，华为的 DSLAM 市场份额达到了全球第二。国际市场是一个法治的环境，也是一个充满官司的环境，华为有了这些宝贵的经验，今后就不会慌张失措了。华为以后依然要在海外取得规模收入，如果没有与西方公司达成许可协议和由此营造的

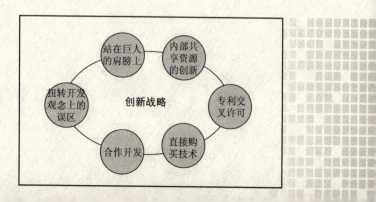

和平发展环境，这个计划就不能实现。华为付出专利许可费，但华为也因此获得更大的产值和更快的成长。

同样，在 3G 领域，单个公司仍很难覆盖 3G 技术的方方面面，强强合作因此变得尤为重要，西门子和 NEC 的合作已经成为 3G 企业合作的典范，而作为已经掌握大量核心技术的华为，也开始在中外企业合作中掌握了主动。如拥有 600 多项 3G 专利的华为已与爱立信、诺基亚等达成 3G 专利交叉许可协议，"仅此一项，就使华为的 3G 产品成本大大降低。"华为 UMTS 产品线总裁万飚在接受《通讯世界》采访时指出。此外华为、NEC 和松下合资成立的上海宇梦通信公司也开始结出硕果。

在华为副总裁、首席法务官宋柳平看来，未来全球专利格局将进入"交叉许可"时代。"第四代移动通信技术 UMB 作为公认的优秀技术，为什么却在市场上遭遇滑铁卢？"宋柳平表示，原因就在于，相比 UMB 的"封闭性"，LTE 胜出的优势在于，"没有哪一家厂商能独自占据所有的核心专利，从而把其他人挡在门外。在所有工业化标准行业，你不用别人技术和专利的可行性是零。"

2009 年，宋柳平在接受《南方日报》采访时说道："华为通过专利许可谈判，至今已与通信行业几乎所有主要的 IPR 拥有者，如爱立信、诺基亚、西门子、北电、阿尔卡特、高通等公司达成 IPR 交叉许可协议。2008 年仅支付给西方公司的专利许可费用就超过 2 亿美元。

"别人的创新成果我们可以用，我们的专利成果别人也可以借鉴，这是一种基于企业实力建立起来的和谐商业环境。这种开放式的创新，目的只有一个，让客户享受到最好的产品和服务。"

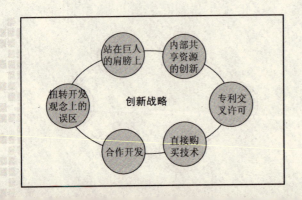

第五节　直接购买技术

华为副总裁宋柳平认为外界对"创新型企业"存在巨大的误读，"微软的几个核心产品都不属于原创性创新，而是基于已有产品或技术的启发继续进行开发，在利用他人成果基础上取得商业成功的。"

比如，Basic 来自于一位海军研究院的教授；DOS 是微软以 5 万美元的价格从西雅图一位程序编制者手中购得并进行部分改写后提供给了 IBM；微软最为成功的 Windows 操作系统，也是采用美国施乐与苹果公司的图形和鼠标技术开发完成的……

任正非曾这样说道：

我们也不全靠自主开发，因为等自主开发出来了，市场机会早没有了，或对手已在市场上构筑了优势，我们却没法在竞争的市场上获利，所以，我们经常采用直接购买技术的方式来缩短差距并构筑领先。

在 3G 技术的研发过程中，经过短暂的市场考察后，华为发现，美国高通公司已将几乎所有核心技术用若干专利全面覆盖，华为根本无法绕过，即便绕过也没有任何优势可言。于是，华为与高通签订了 CDMA 专利授权使用协议，以支付费用的方式，将成熟技术直接拿来使用，而把自己定位于非核心专用芯片开发。这类芯片需求量大、技术难度相对较小，对降低成本的作用非常明显。

"我们去年（2008 年）付出的专利许可费用是 2 个多亿美元，可是我们换来了 200 多亿美元的合同销售额，狭隘和封闭的'自主创新'意味着高成本，必然使企业陷入巨大的风险。"宋柳平在接受《21 世纪经济报道》

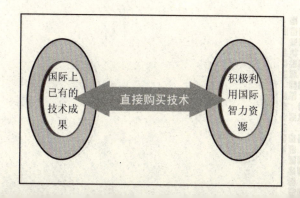

记者丘慧慧采访时说。

据华为原业务与软件产品线总工程师张利华在其著作中的介绍，"华为的窄带 CDMA 技术、SDH 光网络技术、智能网技术等都得益于清华大学、北京大学、中科大、北邮、电子科技大学等高校的合作。刘启武成为华为第一任对外合作部部长时，走遍了全国主要高校，跟很多校长建立了合作关系，花大量精力挖掘了不少项目。但后来华为的技术开发远远领先于各高校，到 2000 年刘平任对外合作部部长的时候，再次走访了所有合作的高校，想找一些华为没有涉足的新技术，结果一无所获。这时华为和高校的合作仅仅是人才培养了。"

华为还积极利用国际智力资源促进自主创新的发展。为了及时整合利用全球创新资源，华为公司在瑞典斯德哥尔摩、美国达拉斯及硅谷、欧洲、印度班加罗尔以及中国的深圳、上海、北京、南京、西安、成都和武汉等地设立了 14 个研发中心，建立了一套完整的全球研发体系，广泛吸收国际技术人才，实现了全球同步技术开发。华为还与全球前 50 位运营商中的 36 家展开技术合作，建立了近 20 个联合创新中心。

HUAWEI　第六节　合作开发

在具体合作的技巧方面，华为也经历过非常初级的阶段。在实施这种合作政策的最初几年，华为在合作中特别强调"产权归华为"这一条，结果大多数情况下对方都不会答应或者索要很高的费用。后来，华为人渐渐意识到，产权中既有名权也有利权，华为只要获得利权，将一些名义上的

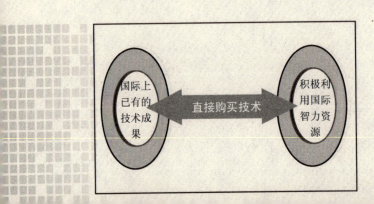

国际上已有的技术成果 ← 直接购买技术 → 积极利用国际智力资源

权利给对方，对华为也不会造成损失。所以在后来的合作中华为人进行了变通，将产权条款写成"产权共有，只能自用，不得转让，否则需要对方的书面许可"。这样一来，华为和合作方的合作就顺利得多，华为由此步入了与国内高校合作的黄金时期。

与高校合作

华为与国内著名高校的合作获得了很多成就。以 CDMA 技术为例，华为在 1996 年就开始与北京大学无线电系项海格教授合作，一起研究以 IS95 为核心的窄带 CDMA 技术。虽然当时只是一些实验性技术的研究，但为华为未来 CDMA 技术的发展打下了基础，并培养了一批技术人才。此外，华为在 SDH 光网络技术领域的进步，也得益于与清华大学无线电系合作所获得的技术积累。中国科技大学、电子科技大学、东南大学等也都是华为长期的技术合作伙伴。

在没有实力开展大规模国际合作的情况下，华为选择与国内高校进行合作，不仅解决了华为在前端技术方面的不足，也为华为后续技术的二次开发带来了很大的帮助。

实际上，与高校的合作也让华为与著名高校保持了良好的关系，扩大了华为在高校的影响力，吸引了大批的优秀人才。以位于安徽合肥的中国科技大学为例，华为通过建立"中国科大—华为信息技术研究所"的合作模式，与包括当时的校长汤洪高在内的科大领导层以及电子工程系的许多教授建立了良好的关系，使得科大一直是华为技术人才的主要基地之一。

在公司高层的强力推动之下，华为在合作方面已经取得了明显的进展。

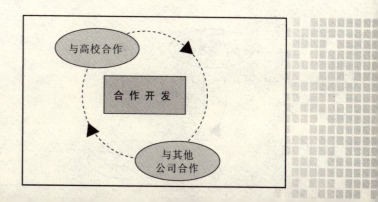

如今，这种合作甚至上升到了资本层面：华为与西门子合资成立的研发TD-SCDMA 技术的鼎桥通信，就是华为在技术合作方面结出的重大成果。

与其他公司合作

有咨询公司表示，全球范围内的设备制造企业目前正进入产业整合的阶段。全球范围内的设备制造企业整合，一方面有运营商合并的原因，另一方面整个电信行业从运营商到主要的设备商都在进行整合，业内很多专家建议华为加强与其他设备厂商的联合。

华为显然也意识到了这一问题。与竞争对手合作，是华为技术创新方式的一大特点。中国企业中，与众多的世界著名跨国公司建立合作关系的，华为首屈一指。任正非说：

> 如果我们和对手联合起来搞研发，共同研发一个产品，研发成本降掉一半，我们的成本就降了一半。竞争对手也要手拉手，也要走向合作。

2000 年 4 月 24 日，中国北京英特尔公司与华为签订了一份合作备忘录，旨在通过双方共同努力加快中国开发基于英特尔 Internet Exchange (IX) 架构的进程。该合作备忘录主要涉及开发、合作和技术资源共享这三大关键领域。根据其签订的合作备忘录，双方将在华为深圳基地设立一个合作和开发中心。

2006 年，华为宣布与摩托罗拉就 3G 和 HSPA 产品展开联合研发。权威 IT 顾问公司 Gartner 的数据显示，华为和摩托罗拉的合作，将使它们在 WCDMA/HSDPA 领域的全球市场份额达到 15% 左右，仅次于爱立信和诺基亚 - 西门子，与阿尔卡特 - 朗讯不相上下。

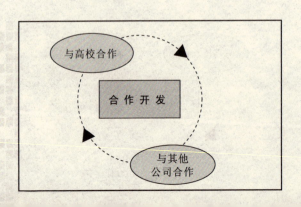

2009 年 11 月，沃达丰与华为在意大利联合建立了核心网创新中心，旨在推动核心网的技术创新，并给用户带来更多收益。这个位于米兰的创新中心拥有华为最新的移动核心网设备及技术，其将促进通信行业核心网解决方案的技术创新。创立该中心的目的在于为沃达丰和华为打造领先的核心网竞争力，研究领域涉及移动宽带、IMS（"IP 多媒体子系统"）以及FMC（"固定移动融合"）等。双方的创新想法在这里将得到快速实践，并将解决方案及时投放市场。

华为还通过收购一些小公司来扩大研发队伍。早在 1998 年，任正非就提出，华为要组织一些跨部门的小团队到美国去收购一些小公司，也可以在美国招聘本土人才搞芯片设计，扩大华为的芯片研发队伍。

2002 年初，华为完成对光通信厂商 OptiMight 的收购，大大加强了自己在光传输方面的技术实力。2003 年中期对网络处理器厂商 Cognigine 的收购则大大加强了华为在交换机和路由器核心处理器方面的能力。

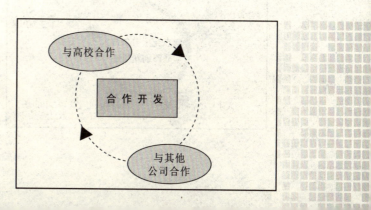

向杰克·韦尔奇学战略创新思维

韦尔奇在担任 CEO 期间，领导 GE 实现了一个又一个战略上的突破和发展，推动公司业务实现了长达 20 多年的高速成长，他的战略思维无疑会给我们很多有益的借鉴。正像韦尔奇所说，做好生意没有什么"魔法"，但是他的经验却可以给我们一些"需要遵守的原则、值得参考的规律、可以采纳的假设以及应该避免的失误"。

一、战略就是一个行动纲领——化繁为简思维

很多企业和企业家对制定公司的长期发展战略望而生畏。一方面，受到一些战略管理理论的宣传和影响，认为战略是决定企业生死存亡的大事，似乎没有一套完备的公司战略，是经营管理水平不高的表现；另一方面，感觉制定企业战略是一门高深莫测的学问，需要非常专业的机构和人士才可以操作。所以，很多企业只好请来外部的战略咨询专家帮助做企业战略。面对战略咨询报告中那些专业的论证、图表分析以及复杂的实施方案，很多企业看得似懂非懂，听得云里雾里，战略执行起来的结果就可想而知了。

韦尔奇以他在通用的战略实践和切身体会告诉我们，制定公司战略对企业并不是一件高不可攀的

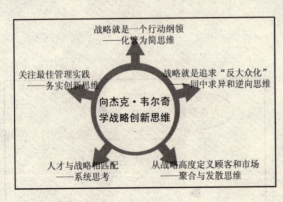

118

事。即使在通用这样的跨国大公司，制定战略也不是像战略大师或者专家说的那样高深和玄妙，在韦尔奇看来，"战略不过是鲜活的、有呼吸的、完全动态的游戏而已。"

那么，什么才是韦尔奇所认同的战略呢？他从与世界各地成千上万的商业人士的交谈中发现，"我所认识的绝大多数经理人都像我一样看待它——简单说，那就是一个行动纲领，需要根据市场波动的情况经常进行审视和修订。那只是一个重复的操作过程，并不像你原来相信的那样高深难懂或者生死攸关。"

韦尔奇以其成功的战略实践告诉我们，制定战略"没有什么繁复的理论模型"，战略其实就这么简单："战略不过是制定基本的规划，确立大致的方向，把合适的人放到合适的位置上，然后以不屈不挠的态度改进和执行而已。"正是这种化繁为简的战略运作手法，才得以使 GE 的每一步重大战略都能有效执行并取得成功，韦尔奇自己总结道："简洁或许就是成功的原因之一。"

二、战略就是追求"反大众化"——同中求异和逆向思维

韦尔奇认为"大众化是糟糕的"，所以 GE 在行业选择上努力追求"反大众化"，在产品战略上极力追求与众不同。韦尔奇在他的《赢》一书中讲述了这样一件案例链接：20 世纪 70 年代早期，英国的 EMI 公司发明了 CT 扫描仪，这让西门子、飞利浦和 GE 等传统的 X 光机制造商陷入了激烈的医疗仪器大战中。在 6 个月左右的时间里，所有的厂商都宣布制造出了价格在百元美元级别的扫描仪，都声称比以前扫描仪速度快了 30 秒。生产商们激烈的竞争也使医院顾客感到异常困惑，因为他们花巨资购买的新技术，不到一年就可能过时。针对这种情形，GE 集中力量开发了一种可以不断进行硬件和软件升级的扫描仪，并且他们在推销机器时的接近话语也提前设计好了："如果您购买我们的 continuum 系列机器，我们将不断提供升级服务，使您的技术没有过时的风险，而需要花费的钱不过是购买新机器的零头。"他们取得了非凡的成功。韦尔奇说："continuum 系列机器

的概念彻底改变了竞争规则，让我们做到了行业老大位置上，并维持至今，已有 25 年之久。"

三、从战略高度定义顾客和市场——聚合与发散思维

在不同的时期，根据市场情况和企业战略需要，韦尔奇分别运用聚合思维和发散思维来定义市场，使 GE 各产业部门的市场营销策略与公司战略密切配合，成功实现了不同时期的战略转型。

20 世纪 80 年代，韦尔奇上任之初，针对 GE 涉足行业过于分散、公司整体绩效不佳的情况，韦尔奇领导发起了一项声势浩大的"数一数二"的运动，凡是不能进入行业前两名的产业部门都要撤销，这项运动使 GE 在改善多样化经营方面发挥了积极作用。由分散投资走向集中经营，这是韦尔奇在战略上的聚合思维。

10 多年后，韦尔奇认识到"数一数二"计划产生了消极的作用，各个部门的总管对于自己市场的定义越来越狭窄，以使他们所占据的市场份额显得很大。于是，韦尔奇提出必须重新定义市场，各产业部门在任何市场中所占的份额都不能超过 10%。

为了指导如何来重新定义市场，韦尔奇做了一个非常形象的比喻："既然我常常是坐在椅子上，那我就要听众们把自己想象成椅子制作商；他们可以把自己的市场定义为我通常坐的那种椅子，也可以定义为所有的椅子；但是，他们最好还是把自己的市场定义为所有种类的家具。看看吧，这些定义的区别会导致市场份额出现多大的差异，以及对战略的影响！"这种由狭窄市场扩展到潜在市场的战略思考就是发散思维。重新定义市场后带来的结果是，"人们就必须找到新的增长思路，而发展的机会也就变得无处不在了。"韦尔奇说。

四、人才与战略相匹配——系统思考

韦尔奇说："正确地执行战略还意味着让人和工作匹配起来。"在战略实践中，我们发现一个最容易被忽视的误区，就是很多企业只注重战略的

制定，而忽视战略实施中的人员匹配因素。所以我们经常看到的局面是，很多企业投入了大量的财力、人力和时间，放在制定战略的环节上，而对人员匹配问题并没有纳入战略思考，最后有了一套好的战略，却没有合适的人来实施和执行，结果战略一直停留在纸面上，类似这样战略失败的事例不胜枚举。这种只注重战略的制定，而忽视"选人"和"执行"的做法，就是因为缺乏对战略的系统思考。

韦尔奇说："除了资源配置以外，战略还有什么呢？"韦尔奇是把战略放在整个企业的资源配置下来系统思考的，因此把"找对人"看做是制定战略的一个重要步骤，而不是等战略实施的时候才想起来选人。韦尔奇深刻认识到，任何战略都是死的，只有通过公司的员工才能把它激活，因此，"作为战略行动的一部分，我们需要大规模地提升自己的人力资源——人才——空前地关注培训和发展。"

五、关注最佳管理实践——务实创新思维

韦尔奇认为："最好的实践经验不但对于落实战略是关键，如果你能不断地加以改善，它们还将变成可持续的竞争优势。"在实施战略上，韦尔奇是一个喜欢"少点沉思，而敏于行动"的人，"关注最好的实践经验，听起来好像与战略无关，但是离开他们，又何谈战略实施呢？"把探索实现战略的最佳实践经验看做战略实施的重要步骤，体现了韦尔奇的实战家精神和务实的工作思维。

探索最佳时间实践的过程，就是不断学习的过程，也是不断改进和创新的过程。韦尔奇鼓励公司内部相互分享经验，还向其他公司学习更好的方法、更好的思想和创意，他把这种行为称为"无边界行动"。韦尔奇说：因为能时时学习优秀经验的公司必然是欣欣向荣的、积极的、学习型的组织，他们相信，每个人都应该不断寻找更好的办法。这类公司充满了活力、好奇心和"我能做到"的精神。

他们向美国标准公司学习提高存货周转率，还主动地向沃尔玛、丰田和其他企业学习和借鉴它们好的经验，并且通过不断的改进应用到自己的

产业部门。"如果你能做得很好，那将与创新没有什么不同"，通过在最佳管理实践中不断学习和创新，GE 获得了持续的竞争优势，推动了公司战略目标的实现。

（本文摘编自《向杰克·韦尔奇学战略创新思维》，作者：柳瑞军，

来源：价值中国网，2008 年 9 月）

创新型的美国 3M 公司

美国的明尼苏达采矿制造公司（3M）是一家综合经营的大公司，创建于 1902 年，领域涉及卫生保健、电力、运输、航空航天、通讯、建筑、教育、娱乐与商业。在 2007 年《财富》世界 500 强排名 302 位，销售额 229 亿美元。

在企业经营管理领域，创新——这种企业家精神的原动力，几乎成了 3M 公司的代名词，享誉全世界。在 3M 公司中国网站上，这样写道，"3M，创新精神为本 ——我们始终致力于不断创新、开发新技术和新产品，随时满足客户所需。"管理学之父彼得·德鲁克倍加赞赏 3M："我现在已经明白了，无论什么事情，只要带着对于一项使命的偏执狂热去干，就准能完成，而 3M 公司正是提倡'献身精神是搞好产品开发的绝对和必要条件'。"汤姆·彼德斯在《追求卓越》一书中，最为推崇 3M 公司："在我所了解的10 亿美元的大公司中，3M 最富有进取精神，也许可以说，比大多数规模只有它 1/10 的公司更富于进取精神。"

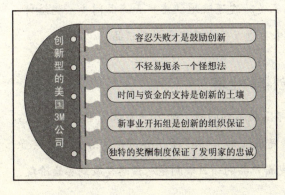

■ 容忍失败才是鼓励创新

3M 公司能够容忍失败，鼓励进行更多的试验和冒险。"失败—成功"的历史就是 3M 公司的历史。

3M 公司的创建者不是科学家，也不是发明家，而是一位医生、一位律师、两位铁路行政官员和一位肉制品销售经理。这 5 个明尼苏达人买下一块森林茂密的土地，准备设矿采掘金刚砂，结果采掘出来的根本不是金刚砂，而是一种无甚价值的矿砂，后来发现，矿砂可以制造砂纸，从此产品创新和行业拓展之路一发而不可收。

3M 公司的精神之父，前董事长兼总经理威廉·麦克纳说："我认为在发生错误时，如果管理者独断专行，过于苛责，只会扼杀人们的积极性。只有容忍错误，才能够进行革新。"这句话可以说是 3M 公司管理者的座右铭。

■ 不轻易扼杀一个怪想法

3M 对奇思妙想的容忍和热爱是与生俱来的。1902 年，3M 公司主打产品从矿砂变为砂纸后，扩大销售成了问题。发明家奥克想，为什么不把砂纸当作刮胡子刀片的替代品卖给男人们，还能避免锋利刀刃划伤的风险？这个显然怪癖的想法只能出现在 3M 公司，公司相信无拘无束而富有创意的设想终究会有所报偿。结果，奥克顺着这个思路研制出耐水砂纸，被汽车制造业广泛使用，成为 3M 公司的第一个拳头产品。

一百年来，3M 公司始终保持着它锐意创新的精神，它比其他公司更快更多地开发出新产品，它曾气度非凡地推出一份引人注目的产品目录，从不干胶贴纸到心肺治疗仪器，竟达 6 万多种。尽管品种繁多，却都有一个无所不在的共同主题：这家公司是由精于覆盖与黏合技术的化学工程师们主宰的，坚持主要专业而不是随波逐流地任意扩大产品门类。据统计，公司年度销售额的 30% 左右来自近 5 年内开发出的新产品。

■ 时间与资金的支持是创新的土壤

如果一个设想在 3M 各部门找不到归宿，那么一个职员可以利用自己的 15% 工作时间来证明设想是成立的。1983 年，公司为了给项目提供资金支持，帮助那些创造与开发新产品的项目顺利地从设想发展到实验阶段，每年发放 90 多项、每项 5 万美元的吉尼斯专款。"15% 的规定"被 3M 公司的职员称为"干私活",这一规定下最出色的成果是眼下无所不在、每个人办公都离不开的不干胶贴纸。这是弗莱忙里偷闲发明出来的,他开始时只是想找一个书签不再从他那本赞美诗集里掉出来的办法,结果却导致了这项发明。

■ 新事业开拓组是创新的组织保证

对新事业,3M 公司采用许多灵活变通的办法。例如,有人有了新点子,他可以找他的上司要求拨款资助,如果被拒绝了,3M 公司的魔法就开始变化,他会找同样产品部类的另一分部,要是又被拒之门外,他还可再去找一个分部,如果这样也得不到资助的话,他就可以到新事业开拓分部去求援,这件事总能在此得以圆满解决。这种方法避免了官僚主义。

在 3M 公司,创新思路经过实验后,就成立一个新事业开拓组,招来一批工程技术、生产制造、市场经营、推销等方面的专职人员。3M 公司的章法是:只有专职人员,才能形成对新事业的热情和献身精神。而且,所有组员都是自愿参加的。自愿原则能激发人们的义务感,更不会向新想法泼冷水。

3M 公司赋予新事业开拓组高度自主权,支持它坚持到底。3M 公司要求整个小组从早期开始阶段,直到投放市场,小组成员始终跟进,并从产品的增长中得到好处,只要小组达到公司的例行界限和绩效标准即可。即使没搞成,也会保证小组成员的职位和收入。

■ 独特的奖酬制度保证了发明家的忠诚

参加一项新事业的个人,他的职务和薪酬的类别,会随着他发明产品销售额的增长而自动发生变化。从着手新产品研制时的基层工程师、产品进入市场后的产品工程师、销售额达到 500 万美元时的项目经理、年销售额达到 2000 万美元时的部门经理、年销售额达 7500 万美元时的分部经理,薪酬不断上升。对于那些不想当经理的科学家则另有奖励办法。合理的奖酬制度培育了忠诚精神，保证了管理层的稳定。

这种宽松、民主、和谐的创新精神，是 3M 公司为人类不断带来新产品，在国际市场激烈的竞争中保持不竭活力的根本。

（摘编自文章《美国 3M 公司创新型企业文化》，作者：和君咨询，

来源：和君咨询）

中兴侯为贵：应对金融危机牢牢抓住 "创新" 这个主题

当前，受国际金融危机的冲击，世界通信产业正在发生深刻的变革。在困难与挑战面前，中兴通讯牢牢抓住了"创新"这个主题，紧紧把握住扩大世界通讯市场份额的难得契机，在海外市场拼搏了 13 年，业务扩展到 140 多个国家和地区的基础上，今年前三季度同比增长 41.27%，为迅速提升中国通信业在全球的品牌地位作出新贡献。

一、坚持自主技术创新 在经济低迷时期不减技术研发投入

在这次国际金融危机中，中兴通讯的销售收入特别是国际销售收入和利润之所以实现同比逆势增长，最重要原因就是长期以来坚持对企业技术研发的不断投入。

中兴通讯在创办之初就确定了自主创新战略，并将技术研发置于企业发展的重要位置，长期以来坚持将收入的 10% 投入研发。即使在目前全球金融危机环境下，我们还在坚持按营业额同样的比例投入研发。2004 ~ 2008 年近五年来中兴通讯的研

坚持自主技术创新，在经济低迷时期不减技术研发投入

坚持市场驱动型创新 保持企业正确经营方向

应对金融危机牢牢抓住"创新"这个主题

坚持以人为本 夯实企业创新动力之源

发投入累计达到 150 亿元，其中，2008 年投入 40 亿元。当我们的竞争对手迫于压力而缩小研发规模的时候，我们的技术实力仍在不断加强。因此，在全球竞争中，尤其是在重视技术且通信产业正面临升级的欧美高端市场的竞争中，我们逐渐显现出优势。

保障对自主研发投入，是中兴通讯基于通讯行业特点制定企业发展战略的关键，是中兴通讯在长期的市场激烈竞争中取胜的法宝。早在 1992 年，国内 200 多家小型交换机企业由于没有自主技术纷纷在竞争中倒闭。通过自主研发的万门程控交换机，中兴通讯不仅打破了当时"七国八制"进口厂商长期垄断中国固定电话网络设备的格局，而且在那场严酷的行业洗牌中获得生存并迅速壮大，奠定了我们振兴民族通信产业发展的技术基础。2001 年，中兴通讯在联通 CDMA 建网初期，依靠自主研发的全套民族品牌设备首次取得中国移动通信网络建设大规模市场份额，使公司获得了支持研发和高速增长所需的现金流，也让中兴通讯在当时的全球电信大滑坡中成为唯一逆势增长的企业。面对当前的金融危机，中兴通讯坚持自主创新，增强了"内功"，技术优势和持续成本领先优势更为凸显，成为从容应对经济危机，提升全球竞争力的利器。

二、坚持市场驱动型创新 保持企业正确经营方向

电信业的发展充满不确定性，大量的技术投入无法最终商业化，特别是因全球经济波动导致的越来越复杂的利益格局与政策变数，都大大加剧了通信制造企业决策的风险。在复杂的市场环境下，中兴通讯始终坚持把满足市场需求作为目标放在首位，一直坚持"市场驱动型创新战略"。为此，中兴提出了"两个深入"和"50% 原则"，即要求管理人员特别是高层管理人员必须深入客户、深入一线员工，始终保持敏锐的市场判断力和创新动力。同时，无论是市场人员还是系统设计人员都必须将 50% 的工作时间用到深入市场第一线、深入客户，贯彻"技术的生命力来自市场"的企业全员文化。因此，中兴通讯强调坚持技术创新的长、中、短期结合和合理产品布局，根据市场现实及潜在需求进行研发跟踪和投入，弹性投入、动态跟踪，与市场同步，以增强企业投入的可持续发展性。

在国际金融危机面前,我们对企业的重大投入更要顺应市场的变化,保持对客户需求和市场环境变化的高度敏感。中兴通讯在3G研发过程中即采取了初期跟踪投入,并根据其发展状况一步步加大人力和资金投入的策略。以中国3G标准TD为例,中兴通讯在此项目上的研发队伍已从最初的几个人增加到目前的3200人,研发资金也累积达20多亿元。在目前全球3G日趋成熟,中国3G启动的关键时期,中兴通讯近两年仍将继续增大3G研发投入。在未来的LTE和4G的研究中也已经成立了一支超过2000人的研发队伍。从结果上来看,这种策略已使得中兴通讯在错综复杂的经济变化中把握住了国内3G的重要机遇,在2009年中国TD-SCDMA、CDMA、WCDMA三种制式的3G市场公开招标中,一举获得36%的综合市场份额,成为中国最大的3G网络设备提供商。

三、坚持以人为本 夯实企业创新动力之源

在创新型高科技行业,人力成本占企业整体成本的比重相当高,如能有效提升人力资源效率,中国的优势就能得到体现。对中国高科技企业而言,依靠以人为本来构建企业的核心竞争力是技术创新的根本战略。其中,人才、知识产权、技术产业化能力是企业创新的核心要素,需要重点加强。中兴通讯从1985年成立之后不久,就投身技术竞争激烈的电信设备行业,从那时候起,中兴就抛弃"挣快钱"的思维,坚持在人才战略方面形成系统保障。从当年几个研发人员发展到目前研发、技术服务人员超过4万人,占公司6万多名员工总数的75%,中兴通讯已经组成了一个具有全球竞争力的研发团队,发展成为目前在中国沪深两市共1600余家上市公司中研发技术人员数量最多的企业。

在本轮世界经济衰退中,全球同行大量裁减人员。然而,中兴通讯则抓住机会继续储备人才,2008年,在国内推进"全国高校揽才计划",招聘规模的增幅达到3成左右。在中国证监会的支持下,中兴拿出10多亿元激励资金连续两年对4000多名公司骨干员工实施股权奖励,这是中国内地上市公司覆盖面最为广泛、涉及员工层面最多的股权激励方案。

依靠4万多技术人员坚持不懈地研发、市场创新,中兴通讯形成了全

方位的知识产权战略。如今，在知识产权和标准方面的创新已经成为中兴通讯以"技术超越"制胜市场的关键。在 2008 年中国 TD-SCDMA 的产业化过程中，中兴等中国本土设备供应商一举拿到 70% 的市场份额，打破了 2G 时代海外厂商占据统治地位的格局。对此，《华尔街日报》、路透社等海外媒体和机构不再将中兴通讯等企业看作"价格优势明显，技术相对逊色"的厂商，而是"技术不遑多让、多处领先"的全球竞争对手。目前，中兴通讯已加入了 ITU、3GPP、3GPP2、CDG 等 70 多个国际标准化组织，获得 30 个国际标准组织的领导席位。公司拥有超过 18000 项专利申请，其中，手机专利申请超过 2000 项，手机专利中的发明专利超过 90%。在当前全球经济低迷，国内通信产业转型、融合和发展的背景下，如何整合人才优势，更好地开展通信技术创新、在不断变革的市场环境下驾驭产业发展方向，是通信产业领先企业和科研机构共同关心的问题。为此，今年 4 月中兴通讯联合中国移动、中国电信、中国联通三大运营商研究院、清华大学、北京大学、北京邮电大学等十九所高校共同发起成立了国内通信界最大产学研合作组织——"中兴通讯产学研合作论坛"。通过加强产学研一体化，中兴通讯将更广泛地调用国内潜力巨大的人力和智力资源，开展通信技术创新。

中兴通讯创办 24 年来，通过探索适合行业特性的创新途径，夯实创新基础，不断优化人才的选拔、培养和激励，实现了"通信产品 1G 时代看着跑，2G 时代跟着跑，3G 时代齐步跑"的市场追赶和市场超越。中兴通讯已经成功进入了全球 100 家顶级电信运营商的前 50 名，国际化收入占到公司总收入的 6 成。我们有理由相信，只要坚持自主创新战略，努力在企业的创新过程中切实落实科学发展观，中国企业就有可能抢占国际市场的制高点，掌握变危为机的制胜之道，为国家"保增长、保民生、保稳定"做出较大的贡献。

（本文摘编自《应对金融危机牢牢抓住"创新"这个主题》，
作者：中兴董事长侯为贵，来源：《求是》，2009 年 12 月）

第6章 技术战略

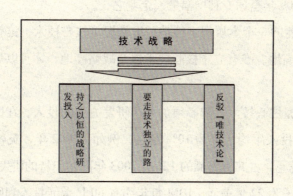

任正非坚信，而现代商战中，只有技术自立，才是根本，没有自己的科研支撑体系，企业地位就是一句空话。没有自己的科技支撑体系，工业独立是一句空话，没有独立的民族工业，就没有民族的独立。

在技术研发上，华为在创业初期完全利用本土资源，在国内进行初级的以模仿、跟踪国际先进技术为主的独立自主研发；再到综合利用国际国内智力、物力资源，在国际国内都设立研究机构，且以国际研究机构为主力，在追踪世界先进技术的基础上，进行适当超前的研发。可以预见，未来的华为即将以某个领域内技术领先者的角色引导和改变这个世界的生活。

HUAWEI 第一节　持之以恒的战略研发投入

WIPO（世界知识产权组织）公布 2009 年国际专利申请（公开量）数据，中国专利申请量排名较 2008 年提高一位，居第五位，且数量增长极快。受国际金融危机影响，2009 年全球专利申请量 30 年来首次下降，但中国申请量却逆势上涨，同比增长 30% 左右，增速居世界各主要国家之首。华为更成为 2009 年全球专利增幅最大企业之一。

通讯行业的一个本质规定性是，谁掌握了核心技术，谁就掌握了市场竞争的战略高地。唯有立于核心技术这个战略高地，才可以居高临下，势不可挡。

要想掌握核心技术，就必须加大在研发方面的投入。在国外，一般科技企业研发投入平均水平为 10% 左右。例如，2002 年，英特尔公司研发支出 40 亿美元，占其销售额的 12%；2003 年阿尔卡特的研发支出为 18 亿美元；西门子为 22 亿美元；IBM 每年约有 60 亿美元投入到研发中。在研发投入上的领先也导致了这些国际企业能够在科研领域保持领先地位。相比之下，我国大多数企业的研发投入却少得可怜。2007 年在中国百家电子

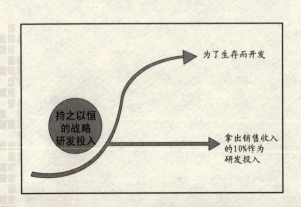

信息百强企业中研发投入也仅为 3.9%，只有 21 家企业的研发投入超过 5%，华为是其中之一。

"因通信设备行业具有技术升级快的明显特点，持续的研发投入不可避免。即使在低谷时期，华为公司也保障了销售收入 10% 以上的研发投入。"在 2005 年的全国信息产业工作会议上，华为公司有关负责人这样说。

2001 年，联想总裁杨元庆来华为参观时，杨元庆表示联想要加大研发投入，做高科技的联想，华为总裁任正非以一位长者的口吻对他说："研发可不是一件容易的事，你要做好投入几十个亿，几年不冒泡的准备。"

联想董事长柳传志的另一员爱将神州数码首席执行官郭为，也曾经到华为向任正非"取经"。任正非则劝他根本不要做研发："你不要做研发，研发没有什么用，你的长项不是做市场吗？你把销售做好了，我的产品研发出来都交给你来卖。"郭为问任正非原因，任正非回答说："研发你要做就得大做，你要是小打小闹还不如不做，因为这个东西是很费钱的一件事。"

为了生存而开发

任正非曾这样说道：

华为最基本的使命就是活下去。技术开发的动力是为了生存。

在高科技领域，拥有自己的核心技术，才可以自主，才有竞争优势。

任正非说道：

为了拓展明天的市场，每年从销售额中提取 10% 作为研究经费，紧紧抓住战略发展不放。1996 年研究经费达 1.8 亿。1997 年会达 3～4 亿，本世纪末（20 世纪末）会达 8～10 亿。只有持续加大投资力度，我们才能缩短与世界的差距。

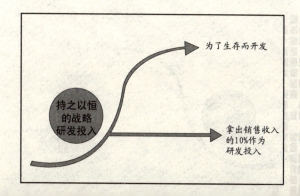

1996 年，华为在开发上投入了资金 1 亿多元人民币，年终结算后发现，开发部节约下来几千万。任正非知道后说了一句话："不许留下，全部用完！"开发部最后只得将开发设备全部更新了一遍，换成了最好的。

1997 年，任正非前往美国考察。IBM 公司、贝尔实验室、惠普公司等国际著名公司对产品研发的重视程度给任正非留下了深刻印象。任正非在其文章《我们向美国人民学习什么》中写道：

IBM 每年约投入 60 亿美元的研发经费。各个大公司的研发经费都在销售额的 10% 左右，以此创造机会。我国在这方面比较落后，对机会的认识往往在机会已经出现以后。做出了正确判断，抓住机会，形成了成功，华为就是这样的。而已经走到前面的世界著名公司，他们是靠研发创造出机会，引导消费。他们在短时间内席卷了"机会窗"的利润，又投入创造更大的机会，这是他们比我们发展快的根本原因。华为 1998 年的研发经费将超过 8 亿人民币，并正在开始搞战略预研与起步进行基础研究。

任正非坚持这样一个观点：

只有持续加大投资力度，我们才能缩短与世界的差距。

拿出销售收入的 10% 作为研发投入

1998 年，任正非还将"拿出销售收入的 10% 作为研发投入"这一原则写进了公司纲领性文件——《华为公司基本法》中，并作为华为七大核心价值观中很关键的一条。任正非在其题为《华为的红旗到底能打多久》的内部讲话中说道：

我们始终坚持以大于 10% 的销售收入作为研发经费。公司发展这么多年，

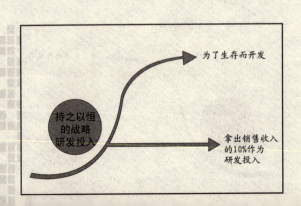

员工绝大多数没有房子住，我们发扬的是大庆精神，先生产、后生活。而在研发经费的投入上，多年来一直未动摇，所有员工也都能接受，有人问过我，"你们投这么多钱是从哪儿来的"，实际上是从牙缝中省出来的。我们的发展必须高于行业平均增长速度和行业主要竞争对手的增长速度。公司过去每年以 100% 的增长速度发展，以后基数大了，速度肯定会放慢，那么以怎样的速度保持在业界的较高水平，这对我们来说是个很大的挑战。

任正非在上海电话信息技术和业务管理研讨会致谢词时说道：

"高投入才有高产出"，我们的成本比兄弟厂家高，因为科研投入高、技术层次高。科研经费每年 8 000 万元，每年还要花 2 000 万元用于国内、国外培训和考察，重视从总体上提高公司的水平。这种基础建设给了我们很大的压力。但若我们只顾眼前的利益，忽略长远投资，将会在产品的继承性和扩充性上伤害用户。

二十几年如一日，在研发方面，华为保持了持续的高投入，华为坚持以不少于销售收入 10% 的费用和 43% 的员工投入研究开发，并将研发投入的 10% 用于前沿技术、核心技术及基础技术的研究。投入强度之高，当为中国公司之最。

2001 年英特尔执行副总裁魏德生访问华为，当听说华为的研发人员超过 10 000 人的时候他不由得大吃一惊——华为的研发人员居然比英特尔这个视技术为生命的公司还多。任正非在北京市电信管理局和华为公司 C&C08 交换机设备签字仪式上说道：

华为能在中国激烈的通信市场竞争中和与世界电信巨子的较量中脱颖而出的原因，除了坚持以顾客为导向，拥有令人赞叹的产品可靠性记录外，最重要的是它对研究开发的高度重视。

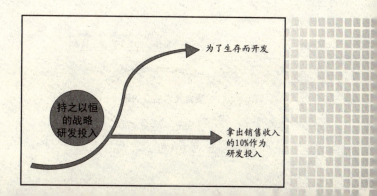

根据全球最具权威的 IT 研究与顾问咨询公司 Gartner 的统计，华为在通信业最不景气的 2002 年，投入研发的资金占总营业额的 17%。这一比例比诺基亚、阿尔卡特和思科还高。正是华为在研发和技术上的长远储备，为其走向海外打下了坚实后盾。

如今的华为，在技术方面已经步入国际一流通讯公司的行列，华为的技术积累，使其有实力向通信产业链条的中央靠拢，并有能力在国际中获得更多的机会。就在 2008 年 9 月 3 日，根据统计，华为已经成为世界拥有专利数量第四的企业集团。

华为无线产品线总裁万飚表示："华为从来都不是一个机会主义者，我们深知只有掌握了核心技术，才能在市场上达到真正的飞跃。"万飚认为坚持不懈的投入和努力成就了华为在 WCDMA 上今天的成就。目前华为已经进入了几乎所有主要 WCDMA 市场，并且份额还在不断扩大。

第二节　要走技术独立的路

对于华为总裁任正非，大家熟知的是，曾是解放军军官的他 1982 年从四川某部队转业到深圳。1988 年，按任正非自己的说法是无处就业的情况下，他和他的 6 个伙伴揣着 2.4 万元人民币把刚刚诞生的华为安置在深圳南山区一个不知名的小角落里。在最初的两年里，主要是代理香港的一种 HAX 交换机，靠价格差获利。

20 世纪 80 年代末到 90 年代初，中国电信市场高度垄断，电话线路非常紧张，而当时中国经济已经起飞，很多企业的通信需求无法得到满足。

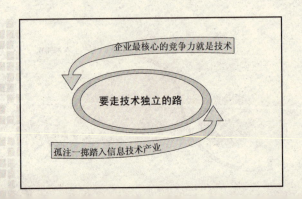

企业最核心的竞争力就是技术

要走技术独立的路

孤注一掷踏入信息技术产业

现在叫做"集团电话",那时叫做"小总机"的用户交换机应运而生,销售状况非常火暴。这种设备可以使很多人共用公司有限的几根外线,一方面提高线路的使用率,另一方面变相缓解了公司的通信难题。因为那时中国还不能自行开发和生产,所以,市场上销售的都是国外的产品。华为正是通过这笔买卖才获得了宝贵的第一桶金。

企业最核心的竞争力就是技术

任正非坚信,而现代商战中,只有技术自立,才是根本,没有自己的科研支撑体系,企业地位就是一句空话。没有自己的科技支撑体系,工业独立是一句空话,没有独立的民族工业,就没有民族的独立。

外国人到中国是为赚钱来的,他们不会把核心技术教给中国人,而指望我们引进、引进、再引进,企业始终也没能独立。以市场换技术,市场丢光了,却没有哪样技术被真正掌握了。而企业最核心的竞争力,其实就是技术。

任正非认为,在战场上,军人的使命是捍卫国家主权的尊严;在市场上,企业家的使命则是捍卫企业的市场地位。而现代商战中,只有技术自立,才是根本,没有自己的科研支撑体系,企业地位就是一句空话。

我国引进了很多工业,为什么没有形成自己的产业呢?关键核心技术不在自己手里。掌握核心,开放周边,使企业既能快速成长,又不受制于人。

孤注一掷踏入信息技术产业

在卖设备的过程中,任正非看到了中国电信对程控交换机的渴望。两

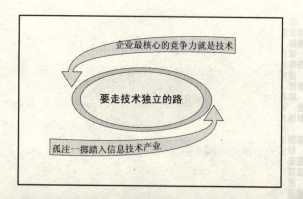

年后，当代理业务出现下滑迹象时，任正非毅然决定将赚取的钱投入该行业的自行研发。这是一次以公司全部资产作为本钱的一搏。那时候的深圳，知识无用论盛行，房地产、股票泡沫正浓，很多人一夜之间暴富。社会上弥漫着浮躁、投机取巧之风。但是，华为没有为浮利所惑，始终专注于交换机产品。

任正非选择的"技术自立"道路异常艰难。1988年，华为成立伊始，当时的中国电信设备市场几乎完全被跨国公司瓜分，初生的华为只能在跨国公司的夹缝中艰难求生。用任正非自己的话说：

华为成立之初十分幼稚，选择通信产品，没想到一诞生就在自家门口遭遇了国际竞争，竞争对手是拥有数百亿美元资产的世界著名公司。要是没有国家的政策保护，华为公司是很容易被摧毁的。

****

华为是由于无知而踏入信息技术产业。当时是孤注一掷，没想到打个正着。

通信行业的竞争如此残酷，不发展就灭亡。没有退路的任正非只有孤注一掷，研发属于自己的核心技术。

1992年任正非先后将1亿元人民币投入到研制数字交换机上。任正非清楚地知道，这一役只能胜不能败。在动员大会上，任正非站在5楼会议室的窗边对全体干部和技术人员说：

这次研发如果失败了，我只有从楼上跳下去，你们还可以另谋出路。

任正非这种置之死地而后生的做法，使华为人下定决心，一定要推出华为自己的数字交换机，为公司的生存和发展杀出一条希望之路。

任正非在其题为《华为的红旗到底能打多久》的内部讲话中说道：

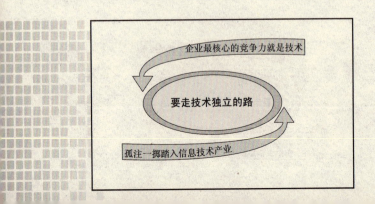

企业最核心的竞争力就是技术

要走技术独立的路

孤注一掷踏入信息技术产业

公司一万五六千员工中，从事研发的有七八千人。而且四五千市场人员，又是研发的先导与检验人员。从客户需求、产品设计到售后服务，公司建立了一整套集成产品开发的流程及组织体系，加快了对市场的响应速度，缩短了产品开发时间，产品的质量控制体系进一步加强。在硬件设计中，采用先进的设计及仿真工具，加强系统设计、芯片设计、硬件开发过程质量控制体系、测试体系的建设，并在技术共享、模块重用、器件替代等方面加大力度。尤其是代表硬件进步水平的芯片方面，我们进行了巨大的投入。目前，公司已经设计出40多种数字芯片，几种模拟芯片，年产500万片。设计水平也从0.5微米，提升到0.18微米。拥有自主知识产权的芯片，极大地提升了硬件水平，降低了系统成本。

任正非要走技术独立的路，创业初期的研究人员与生产人员的比例就高达5：2，这对于一个小企业来讲，是一笔不小的开支。

截至2008年12月底，华为累计申请专利35773件。同时，据世界知识产权组织（WIPO）2009年1月27日公布的数据，华为2008年PCT（专利合作条约）申请数达到1773件，首次成为全球第一大国际专利申请公司。在未来移动通信核心技术LTE专利方面，华为成为全球前3位的基本专利拥有者。

科学的进步总是超出人们的想象。华为技术的突破能力也大大超出了国内外业界的预期。华为的技术研发经历了从模仿到跟进，到并行，到适度领先、超越的过程。在这一过程中，坚持自主研发是前提，巨额资金投入是保证。

2004年12月，负责公关事务的华为高级副总裁胡彦平在接受《商务周刊》记者刘丽娟采访时说道："华为注重核心技术的变化，提倡大的变

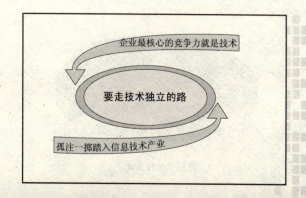

革和创新，并希望在真正有前景的技术上获得成功。所以在有些技术研发中，华为是最早的开拓者，却经历了比其他厂商更长的等待。"很多人将经历了 10 年技术积累过程的华为喻为孤独的行者。因为更多的中国企业短期快速增长而借力于外来研发成果，而华为选择了国际水准的研发路线，只能经历漫长的技术积累，在欧美这样的技术主流市场中自己创造生存机会。

HUAWEI 第三节 反驳"唯技术论"

联合利华引进了一条香皂包装生产线，结果发现这条生产线有个缺陷：常常会有盒子里没装入香皂。总不能把空盒子卖给顾客啊，他们只得请了一个学自动化的博士后设计一个方案来分拣空的香皂盒。博士后拉起了一个十几人的科研攻关小组，综合采用了机械、微电子、自动化、X射线探测等技术，花了几十万，成功解决了问题。每当生产线上有空香皂盒通过，两旁的探测器会检测到，并且驱动一只机械手把空皂盒推走。

中国南方有个乡镇企业也买了同样的生产线，老板发现这个问题后大为发火，找了个小工来让他解决问题。小工很快想出了办法：他在生产线旁边放了台风扇猛吹，空皂盒就会被轻松地吹走。

这两件事的对比讽刺了"唯技术论"。当企业变大了之后，华为总裁任正非也有着类似的担忧。

有人问任正非："华为一年销售 462 亿元人民币的秘密是什么？"任正非不假思索地说："因为华为一年申请到的专利超过 1000 件！"华为凭什

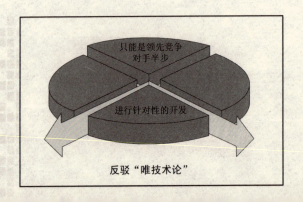

反驳"唯技术论"

么敢和思科对簿公堂？因为华为以自主创新拥有大批自主知识产权。

华为在产品研发方面表现出其他中国民营企业少有的偏执情绪，具体表现在对研发的持续投入、对专利和技术标准制定的热情等方面。华为将研发能力和研发规模视为自己与其他民营技术企业的本质区别。

目前华为在全球建立了 14 个研发中心，29 个培训中心，有 27600 余名员工从事与研发有关的工作，占员工总人数的 43%。

"第一次，一家中国公司在 2008 年名列 PCT（全球《专利合作条约》）申请量榜首。华为技术有限公司，一个总部设在中国深圳的国际电信设备商，2008 年提交了 1737 项 PCT 国际专利申请，超过了日本的松下和飞利浦。"2009 年 1 月 27 日，世界知识产权组织（WIPO）在其网站上公布 2008 年全球专利申请情况时，如是表述。

"全球专利申请第一"的光环以及蜂拥而至的媒体报道，却让华为深感忧虑。

只能是领先竞争对手半步

华为总裁任正非重视研发，强调技术的先进性，但绝非要一味领先，而是遵循适度原则。也就是说，比竞争对手稍微领先，保持一定的先进性即可，技术过于先进有时候不一定是好事。

"领先三步是先烈，领先半步是先进。"华为副总裁、首席法务官宋柳平说，"创新也不能走向极端，研发和技术要紧密围绕如何帮助客户成功，要坚持商业和客户需求导向。"

为了在市场上赢得先机，抢占市场份额，每个企业时刻都在绞尽脑汁

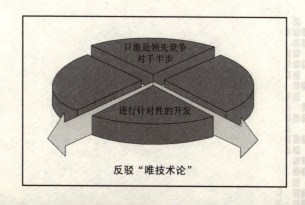

地更新技术，保持技术领先。任正非认为产品和技术每晚一步，就意味着巨大的失败和压力，但也并不是领先越多越好。因为太超前的技术往往不能很快得到市场的认可，不能马上产生经济效益。任正非在"华为公司的核心价值观"的专题报告上表示：

　　超前太多的技术，当然也是人类的瑰宝，但必须牺牲自己来完成。IT泡沫破灭的浪潮使世界损失了20万亿美元的财富。从统计分析可以得出，几乎100%的公司并不是因为技术不先进而死掉的，而是因为技术先进到别人还没有对它完全认识与认可，以至于没有人来买，产品卖不出去却消耗了大量的人力、物力、财力，丧失了竞争力。许多领导世界潮流的技术，虽然是万米赛跑的领跑者，却不一定是赢家，反而为"清洗盐碱地"和推广新技术而付出大量的成本。但是企业没有先进技术也不行。华为的观点是，在产品技术创新上，华为要保持技术领先，但只能是领先竞争对手半步，领先三步就会成为"先烈"，明确将技术导向战略转为客户需求导向战略。

　　其实，任正非这样的理念也是从失败的教训中总结得出的。

　　在华为发展的前期，为了打破外国通讯巨头对高附加值的高科技产品的垄断，华为实施了"技术驱动"战略，在技术研发中坚持高起点，始终瞄准业内尖端、前沿、最有市场的产品，努力与国际跨国公司站在同一起跑线上。

　　1998年，中国联通CDMA项目进行招标，华为为此做了充分的准备，但遗憾的是华为最终落选了。导致招标出局的原因是华为在产品选型上观念过于超前，放弃了性能相对稳定的过渡产品IS95版，而选择一心一意去研究2000版。由于当时2000版的芯片刚研究出来，性能尚不稳定，因此联通最终决定采用IS95版。通过那次的失败经历，任正非意识到华为的研

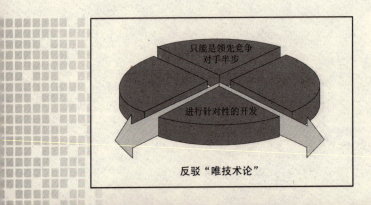

反驳"唯技术论"

发战略必须要改变。

进行针对性的开发

华为中研部副总裁方唯一讲了一个故事：1997 年，天津电信的人提出"学生在校园里打电话很困难"，任正非当时紧急指示："这是个金点子，立刻响应。"华为用了两个月就做出了 201 校园卡，推出后市场反应热烈，很快推向全国。实际上这项新业务只需要在交换机原本就有的 200 卡号功能上进行"一点点"技术创新，但就是这个小创新，使得华为在交换机市场变劣势为优势，最终占据了 40% 的市场份额。

据《人民日报》的记载，1998 年，华为通过市场调查，特别是与电信运营商的深入交流，了解到运营商对接入服务器有着巨大的需求潜力，而当时流行的接入服务器大都不具备电信级的性能。为此，华为公司迅速开发出了创新的电信级接入服务器产品 A8010，一经推出，迅速风靡市场，2000 年市场占有率为 70%。

再如，华为分布式基站就是在仔细分析了客户需求的基础上研发出来的。华为发现欧洲移动运营商花在租用机房、设备用电、安装维护等方面的费用成为其最大的支出。基于欧洲客户这种需求，华为研发团队积极创新，开发出了分布式无线基站解决方案，设备可以安装在过道、楼梯间和地下室等狭小的空间，大大降低了机房的建设与租用成本，并且易于安装。"这款分布式基站没有革命性的技术，也不存在过多的技术含金量，仅仅是工程工艺上的改进而已。"华为人士说。但是它却为华为的欧洲运营商客户每年节省了 30% 的场地租金、电费等运行、运维费用。因而受到欧洲

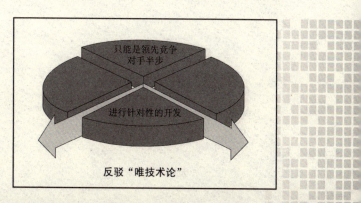

只能是领先竞争对手半步

进行针对性的开发

反驳"唯技术论"

市场的欢迎。

全球最权威的商业杂志——美国《商业周刊》对华为的评价很朴素："它的成功是因为其为客户提供了顶级质量、最优性价比的产品。"

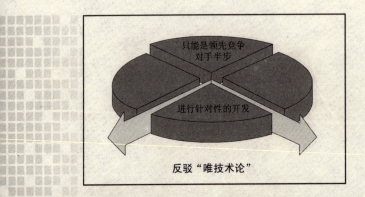

反驳"唯技术论"

第7章 融资战略(上)

在企业发展初期，资金短缺成了华为最大的问题。作为一家没有任何背景的民营企业，华为根本无法从银行贷到现款，只能向大企业拆借资金，但这也不是长久之计。为了获得更多的资金用以自主研发，华为必须要重新开辟一条新的相对稳定的融资渠道。

根据华为 2008 年财报，华为 2007 年、2008 年的资产负债率分别为 69.56% 和 69.34%，距离国际社会普遍认可的 70% 贷款预警线仅一步之遥，其对贷款预警线的"敬畏之心"可见一斑。

第一节　向大企业拆借

1987 年，任正非以 2 万元开始创业，1988 年将公司命名为"华为"，这个时候华为和当时深圳的许多公司一样，都是靠做代理求得生存。1992 年以前，华为的业务都是代理香港的交换机，对资金的需求量并不是很大，主要依靠创业初期的点滴积累。在这段时期也许任正非也想过要做些改变，但终因资金缺乏而作罢，因为当时银行全是国有制，它们宁愿将大笔贷款贷给一个烂摊子的国有企业，也不愿贷款给一家没有知名度的民营企业。相信任正非也经历了一个难以抉择的过程，到底是继续做代理还是另外闯出一条新路。1992 年，华为的销售额突破亿元大关，任正非终于下定决心，投资亿元研制 C&C08 机。

搞研发就需要研发人才，华为一开始研制 C&C08 机，就发现科研力量明显不足。于是在 1992 年底、1993 年初华为开始大量招兵买马。由于任正非把企业的重心放在研发上，将全部资金投入研发中，放在代理业务上的资金大量减少，而代理业务货款回收周期过长，所以华为第一次出现了现金流不足的问题。连续几个月都发不出工资，员工们士气低落，有些还打起了退堂鼓。任正非多方告贷未果，在 1992 年、1993 年，被逼无奈向大企业拆借，利息高达 20% ~ 30%。据说，华为当时有个内部政策——

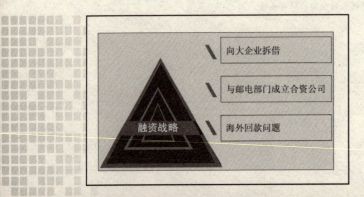

谁能够给公司借来一千万，谁就可以一年不用上班，工资照发。

第二节 与邮电部门成立合资公司

在企业发展初期，资金短缺成了华为最大的问题。作为一家没有任何背景的民营企业，华为根本无法从银行贷到现款，只能向大企业拆借资金，但这也不是长久之计。为了获得更多的资金用以自主研发，华为必须要重新开辟一条新的相对稳定的融资渠道。

在这种情况下，华为在公司内部推出了一种不上市发行的虚拟受限股。这种股票最初只许公司内部的员工进行购买，但公司的员工毕竟有限，购买股票的资金并不能够解决实质性的问题。华为不得不进一步扩大融资范围，1993 年，华为还真找到了一条绝佳的融资办法，就是争取各地邮电部门的员工入股。华为的具体做法是与各地电信部门的直属企业——各地的电信运营商洽谈成立合资公司，并大量吸纳邮电系统员工入股，华为对电信员工的入股年限、入股数量都没有任何限制。

华为和各地电信部门成立的合资公司，并没有把产品、特别是有技术含量的产品放到这些所谓的合资公司。这些合资公司的任务只有一个，就是从事最基础的销售代理业务。而且在 1996 年以前，合资公司的另一方，也就是各地的电信部门很多并没有投入实际的资金，而是凭借"当地的资源优势"入股。1998 年前后，华为与各地电信管理局合作成立了沈阳华为、河北华为、山东华为、四川华为、北京华为、天津华为等共计 27 个合资公司，遍布全国。

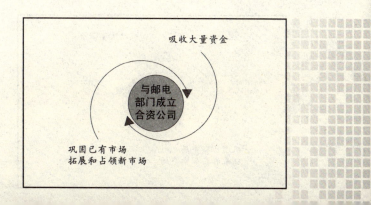

吸收大量资金

为了能够吸纳尽可能多的电信职工入股，华为不但为其允诺了一般为50%～70%的丰厚的红利，并承诺将来华为的股票上市了，即变为统一法人，可随华为的股票一同上市。在这种高额利润的驱使下，先后有100多家地方邮电系统认购了这种股票。

这样做，其实是变相地打通另一条融资通道：电信部门的员工都认购了华为公司的股票，那么他们在很大程度上就和华为公司组成了一个利益共同体，要共负盈亏，共担风险。华为公司的业绩上去了，他们手中的股票也会跟着升值，反之会连本钱也赔进去。那么在一系列的争竞标之中，电信部门的员工自然希望华为能最终竞标。通过这种方式，华为大量吸纳邮电系统员工入股，融合资金，并通过他们争取到更多的银行贷款，大大缓解了华为在资金方面的紧张压力。

巩固已有市场，拓展和占领新市场

任正非在讲话中提出：

公司理顺了省、市各级政府的关系，得到了地方有力的支持，开始使中央机关了解我们、支持我们，大大改善了发展的外部环境。

所以，合资公司的另一个目的，就是通过建立这种看似让利性质的利益共同体，使赋予了新的含义的利益关系代替了以往单纯的买卖关系；利用排他性，阻击竞争对手进入，最终达到巩固已有市场，拓展和占领新市场的目的。合资模式让华为几乎成为国内电信市场上的垄断型供应商，在

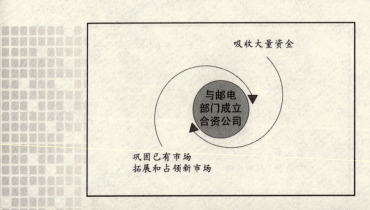

国内每一个省、直辖市和自治区都建立省级市场办事处和工程服务体系；在每一个地区、市、县都设立客户经理，几乎覆盖了中国各运营商的所有相关部门。

在华为的《合资企业工作指导书》中对合资公司的功能做了如下描述："合资企业要在当地解决贷款和融资问题。合资公司注册以后，要把自己的注册资金，存到有可能提供贷款的银行，并抓紧解决贷款问题，必要时，可以向两家以上的银行存、贷，争取合资对象出具担保或由华为母公司担保。"正是这些空壳似的合资公司的成立，使华为资金短缺的局面真正得到缓解。

第三节 海外回款问题

大型通信设备的订单尽管金额巨大，但同时受回款周期所限。尤其是通信企业进行国际业务开拓，需要实行海外结算，回款的周期比国内相对较长（通常价值一亿美元的订单合同要分好几年实施）。华为需要为它庞大的技术研发支出找寻现金流，尤其是它还在苦撑 3G 商用的三大技术标准。因此，在海外市场要高速扩张，就需要大量的周转资金，尤其在一些发展中和落后国家的项目，甚至要近 12 个月才能收到，这就对企业的现金流要求很高。

据英国《金融时报》报道，2007 年华为最主要的业务增长来自新兴市场，比如东南亚、东欧和非洲。相对于欧美，新兴市场的账期较长——可以长达 200 多天，这部分市场业务的大幅增长，给华为新增了一定的资金压力。

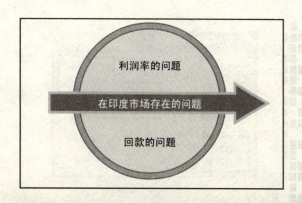

对中国设备商来说，开拓印度市场还面临着更现实的问题就是——现金流。在大盘子被海外巨头瓜分后，中国设备商进军印度，只能把视角更多伸向新兴市场。但由于印度非主流运营商尚处于网络建设初期，自身盈利造血能力不足，会直接把风险和成本转嫁给供应商。

2008年，华为和中兴都在印度市场取得很大的突破，给公司的业务增长带来很大的贡献。但也存在一些问题：①.利润率的问题，印度运营商的压价能力有目共睹，谁的价格低就用谁的设备；②.回款的问题，经济危机下，运营商融资必然受到负面影响，付款周期拉长，付款条件更加苛刻，增加了设备商的回款风险。

任正非一直非常重视回款和现金流，2004年前就颇有先见之明地设立了专门负责回款的市场财经部。华为一般采取三种方式避免海外贸易的回款风险：一是在签订项目之前，让对方预付30%的款项，抽样产品后再付40%，剩下的到全部交货后再支付；第二是针对一些特殊的国家，可以利用政府的协议，如某石油国家和中国有一项20亿元的石油框架协议，中国可以将各个产品，包括通信产品与它进行贸易，然后华为再从政府那里获得资金；最后一种方式是针对非洲一些国家，利用当地的资源，华为跟其他公司结合。

另外，华为广泛使用了出口信贷，因此，货款回收的周期比较短，回收率也比较高。自进入海外市场初期，华为就得到了中国进出口银行等中国金融机构的大力支持。作为支持我国开放型经济发展的国家出口信用机构，中国进出口银行始终把支持高技术含量、高附加值的机电产品和高新技术产品扩大出口作为融资重点，支持我国有比较优势的企业走出国门。

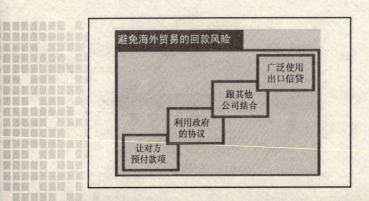

避免海外贸易的回款风险

- 广泛使用出口信贷
- 跟其他公司结合
- 利用政府的协议
- 让对方预付款项

企业投融资管理

前些年流行"整合"概念，称为整合资源、整合战略，好像企业一经整合，就会出现规模优势和获得竞争优势。然而，在中国企业的发展史上，有一大批因整合失败的明星企业，它们制造了轰动效应，但在整合的背后，我们看到的却是其黯然神伤。德隆集团是整合失败的典型代表，更是不重视现金流的典型代表。

德隆融来的资金多为短期资金，于是形成了所谓"短融长投"的局面。更为致命的是德隆的负债率高达90%以上，其在几年间的多元化都是用高杠杆完成。对于杠杆融资，核心在于好的现金流，用持续的现金流去偿还债务，其次是净利润，然后才是销售收入。但是德隆的做法正好相反。他们为了拉高和维持股价，提高公司利润必然是首要任务。

经营性现金流量虽然在有的项目中为正，但是大量的新开项目、培育项目消化了这些正的经营性现金流，使得整体上经营性现金流量大量为负。简言之，处于成熟期，产生正的经营性现金流的项目和高风险期、培育期的项目相比，太少了。投资性现金流，正常而言这部分现金流的净值是负的不可怕，关键是为将来产生正的经营性现金流量打下基础，所以投向是关键。可是，德隆大举扩张，培育数百个项目，横跨红、白、灰、黑，以及旅游、高科技、金融、咨询，没有方向感。一旦现金流出现动荡，变卖这些投资项目以获现金流。

融资性现金流，这是德隆现金链条维系的关键。实际上，数年来，已经不再有股权融资（2000 年 8 月湘火炬获准配股后，德隆控制的上市公司从来未被批准配股或增发，也无法分散股票筹码套取股票高价），仅仅剩下债务融资，多为短期、高成本，以及各种瞒天过海的挪用。一旦债务融资链条中断，监管之剑高举，德隆的坍塌就是眼前。

危机爆发前，主要来自筹资性现金流量的流入，尤其是其中的债务融资。危机爆发后，债务筹资和股权筹资完全中断，只能依靠变卖资产获得正的投资性现金流量，以及由此带来的经营性现金流量好转。

德隆的主要融资来自于上市公司：上市公司或上市公司子公司为德隆国际有关公司提供大额存单质押（不披露），一旦偿债困难，则用德隆旗下大量尚亏损的经营性资产或股权抵债；为德隆国际有关公司银行贷款或授信额度提供信用担保或者用其对外股权投资提供质押担保；德隆直接将其持有的上市公司法人股份用于银行质押贷款；通过控制上市公司董事会由德隆旗下公司直接占用资金；为上市公司提供委托理财服务、国债托管业务（往往利用其控制的德恒、恒信等证券公司为操作平台）；直接挪用证券投资保证金账户余额（往往利用其控制的德恒、恒信等证券公司操作）。

德隆的主要融资还来自于商业银行：一方面来自大量的商业银行贷款，这些贷款往往采取德隆内部相互循环信用担保方式，或者是多头抵押、重复质押贷款。第二种方式，是利用近年来地方城市商业银行纷纷增资扩股的机会，或控股，或参股，或是派驻董事和高管人员控制商业银行，直接套走银行资金。

2002 年以来，在德隆项目和融资开展顺利的时候，各商业银行与德隆串谋，违规采取第三方信用担保贷款、巧立贷款名目、更换贷款企业名称，以逃避监管。现在陆续公告的股权质押公告，是银行在自救。

德隆不仅拥有银行，还拥有其他的金融平台——证券公司、信托公司、金融租赁公司，这些庞大的金融帝国共同构造了德隆的资金黑洞。灵活运用这些金融平台的多种金融工具和信用担保手段，或隐蔽、或违规，资金源源不断流入德隆目标项目。

令人瞩目的是，德隆对地方商业银行、证券公司、信托公司、金融租赁公司有些是公开的参股控股，有的根本无迹可查，采用的是各种形式的股权托管，派出董事、高管等隐蔽形式。带来了监管的极大困难！

德隆一直试图使人们相信，德隆在金融市场上根扎得太深太广，影响面太大，所以德隆不会倒，也倒不起。显然，这不是事实。

德隆的股票战略、产业整合失败——

2002 年以前的股票战略，无以为继，曲高和寡。

2002 年以后德隆按产业链纵向整合的思路本身难言对错，但是粗糙收购，加上不计成本扩张，使得公司长期陷入资金饥渴症，现金流无以为继。

德隆的产融结合模式失败与巨人史玉柱的失败何其相近也：

德隆巧妙地运用股权抵押、担保贷款、国债质押等等短期融资手段，去投资长期产业，而在收购产业的时候又没有仔细考虑现金流回报的时间安排。伴随着银根紧缩、监管严格，不可避免地陷入资金链条中断困境。

产业与金融，实为德隆之两翼，一翼已折，焉能不败？

（摘编自《企业投融资管理》，作者：陈启清，
来源：中共中央党校经济学部，2007 年 7 月，有删节）

第8章 融资战略(下)

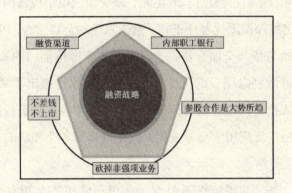

世界电信、移动通信业正处于转型期，正在进行中的我国通信业的资产重组也带来了巨大商机，加上华为面向全球市场的扩张，如没有巨大的资金流保障技术的持续投入，以领先的技术领先市场，华为也不是没有可能失去市场的。

　　大公司都没有生存空间了，小公司更加困难。大公司为什么死不了？是银行不让它死，不是它自己不想死。如果它死掉了，银行就被套住了。这种连环性的社会影响还要相当长一段时间内才能完成。在这种情况下，我们公司要以守为攻。

——华为总裁 任正非

第一节　融资渠道

　　华为多年来融资渠道主要依靠贷款。1996 年 6 月 1 日，时任国务院副总理的朱镕基视察华为，他对华为的程控交换机打入国际市场寄予厚望，对华为在国内市场上与外国企业竞争的精神大为赞赏，朱镕基要求随行的四大银行行长要在资金上给予华为大力支持。

　　当时华为的年销售额已达 26 亿元，跻身国内电信设备四巨头之列，但是资金问题仍然深深困扰着任正非。有朱总理的金口玉言，1996 年下半年，招商银行开始与华为全面合作。当时很多省市电信部门的资金也很短缺，它们很少能够做到以现金购买设备。于是招商银行推出了买方信贷业务，让电信部门从招商银行贷款购买华为的设备，华为再从银行提取货款。这种在今天已经广泛应用于房屋按揭、汽车按揭等各个领域的金融工具，在当时却是开了先河。

　　1997 年，华为实现销售额 41 亿元，但负债却高达 20 亿元。虽然得到了来自招商银行的间接融资，但仍然解决不了华为的资金瓶颈问题。

　　1999 年左右，由于国家金融政策放开，国内银行业也逐步实行商业化

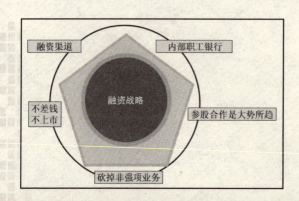

运作，由于华为资信好，业务发展迅猛，银行也开始给华为大规模放贷。现在，成为中国业内龙头老大的华为，被很多银行奉为座上宾，那些曾经拒绝向华为贷款的银行，纷纷通过各级领导找到任正非，称"华为要多少贷款立马都给"。被银行行长包围住的任正非戏谑地说：

当年我没有钱，急需资金，你们死活不给，躲得远远的。现在我有钱了，你们又找上门来，千方百计想塞给我。银行真的是嫌贫爱富啊！

2004 年 11 月华为公司在香港宣布与 29 家银行就 3.6 亿美元借款协议成功签约。华为此次组织银团借款获得 80% 超额认购，筹资额由原定的 2 亿美元增加到 3.6 亿美元。该借款为 3 年期定期放款和循环放款，主要目的是支持华为国际市场的高速发展，华为将利用这些资金加快国际市场开拓的步伐。此次银团借款是无担保、无抵押的信用借款，体现了国际知名银行对华为的认可和信任。除了自身融资之外，在为客户融资方面，华为也与国际金融机构开展全面的合作。2004 年 9 月，华为成功为阿尔及利亚电信 8 万线 CDMA WLL 项目组织了 2800 万美元的 6 年期买方信贷。华为已经在销售环节开始引入银行资源以增强竞争力。

截至 2006 年末，华为在国家开发银行办理的应收账款转让业务余额为 70 多亿元，根据经审计的财务报告，华为公司 2006 年末的资产负债率为 66%。根据 2004 年华为公司和国家开发银行的公开披露消息，100 亿美元的融资额度基本上将用于华为海外战略推进中的出口和提供买方、卖方信贷，帮助其拓展海外市场。而在同国家开发银行签署协议之前，华为还曾同中国进出口银行签署了类似的出口信贷框架协议，额度为 6 亿美元。

此外，2008 年后，受金融危机影响，全球信贷紧缩，且与华为关系密切的国开行正向商业银行转变，可以想见，日后贷款也并非易事。

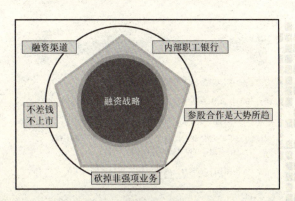

国金证券研究员陈运红表示，目前，中兴、华为的资产负债率均达到了 68% 以上，必须要重视信贷危机可能引发的资金风险。虽然当前中兴、华为在各银行有良好的信誉度，贷款障碍也不多，但是，受价格战、拖欠款和全球经济恶化的影响，中兴、华为面对高负债率和与销售额不对称的现金流影响，一旦市场发生波动，资金链出现问题，中兴、华为可能会难以应对。华为 2008 年销售收入达到 183.3 亿美元，实现净利润 11.5 亿美元，同比增长 20%，其中 75% 的收入来自海外市场。

世界电信、移动通信业正处于转型期，正在进行中的我国通信业的资产重组也带来了巨大商机，加上华为面向全球市场的扩张，如没有巨大的资金流保障技术的持续投入，以领先的技术领先市场，华为也不是没有可能失去市场的。

第二节　内部职工银行

华为员工持股制度始于 1990 年，当时华为刚刚成立三年，资金相当紧张，而民营企业融资又非常困难，因此，实行员工持股成为内部集资、克服企业发展资金瓶颈的良策。虽说华为在创业之初就实行的是高薪策略，但那些高薪员工的工资并没有拿到手，每个月只能拿到一半的现金，另一半只是记在账上，成为白条。当时，华为总裁任正非跟大家聊天说：

我们现在就像红军长征，爬雪山过草地，拿了老百姓的粮食没钱给，只有留下一张白条，等革命胜利后再偿还。

在当时的股权管理规定中，将其明确为员工集资行为，当时参股的价

内部职工银行

1990年，华为员工开始持股制度

1998年，华为基本停止了内部股权融资

1998年，同时启动尘封多年的内部股权融资

2003年，向企业内部各个层级的广大主管和骨干推
出了MBO（管理层收购）计划

2008年12月，华为完成新一轮大规模内部员工配股

格为每股 10 元，以税后利润的 15% 作为股权分红。2000 年之前，华为还设有一个内部职工银行，其目的也是为了解决融资困难的问题，只是后来由于国家的明令禁止而撤销。

由于华为自始至终实行的是高薪策略，随着华为公司规模的扩大，发到员工手里的钱是越来越多，而员工如果不是急需，留下那么多钱也没有多少用。再加之华为员工工作压力大，根本没有时间去做些炒股、炒楼的投资，钱也只是存在银行。而这笔钱对于资金密集型的通信设备企业来说，又是有实用价值的，因此当华为遇到资金紧张的时候，就会想起利用华为人的这笔钱。

自 1998 年以后，华为基本停止了内部股权融资。当华为又启动了尘封多年的内部股权融资时，就证明华为的资金又遇到了问题。2003 年，华为因为大举推进国际化进程，资金再度紧张。于是华为向企业内部各个层级的广大主管和骨干推出了 MBO（管理层收购）计划，大规模地给核心骨干配股。据《IT 时代周刊》特约记者李侃分析，华为大规模地给核心骨干配股主要目的有两个，一是向银行申请股权抵押的贷款额度，缓解华为当前由于 3G 业务推迟所带来的资金紧张问题，二是将股权向新的骨干核心层倾斜，通过 3 年的锁定期，稳定核心员工队伍，共同度过这段困难时期，将来通过净资产增值、股权分红等方式，将利益分配给员工。这样，既可以有效降低华为的资产负债率，又可以让员工一起承担部分经营风险。作为一种力度强大的激励措施，华为 MBO 的最大目的就是通过 3 年的锁定期稳定核心员工队伍，共同渡过困难时期。至此，任正非在现金流问题上终于找到了另一条更为从容更为有效的解决途径。

2008 年 12 月，从华为内部多位员工处得到证实，华为完成新一轮大

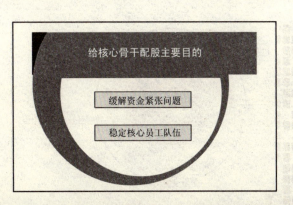

给核心骨干配股主要目的

缓解资金紧张问题

稳定核心员工队伍

规模内部员工配股。虽然在华为内部员工配股并不是一件新鲜事，但此次规模之大、融资金额之高在华为历史上仍属少见。据华为内部人士透露，此次配股的股票价格为每股 4.04 元，年利率为逾 6%，涉及范围几乎包括了所有在华为工作时间一年以上的员工。当时华为的公开资料显示，华为员工总数为 8.75 万，如果按照参与人数为 8 万人计算，此次内部融资总额在 70 亿元左右。

这次的配股方式与以往类似，如果员工没有足够的资金实力直接用现金向公司购买股票，华为以公司名义向深圳的银行为员工提供担保，银行向员工发放"助业贷款"，员工只需要在银行的文件上签字，就完成整个股票认购过程。

我们知道，贷款是华为海外拓展的重要资金来源之一。华为将应收账款转让给国家开发银行，以获得贷款。2004 年，国开行协议在未来 5 年内向华为提供 100 亿美元融资额度，而华为此次的内部融资正是 5 年的期限即将到期的时候，这也并非巧合。

HUAWEI 第三节　参股合作是大势所趋

除了以极有竞争力的价格给用户让利、让合作方获得满意的经济回报外，华为更会在适当的时机直接投资、参股合作方或被对方参股，在资本层面上与合作对象互相融合。如华为投资 1 亿港元入股持 3G 牌照的香港通信运营商 Sunday，并为其提供了巨额销售贷款。

对任正非的这种战略比较熟悉的《华为公司基本法》的起草人之一吴

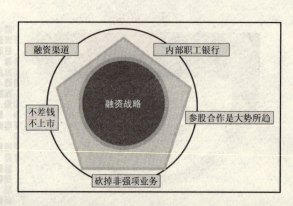

春波认为："华为与跨国公司成立合资公司不是为了具体某个市场，更多的是战略上的考虑。这是双赢的结局。"

与国际巨头的合作对华为品牌在全球知名度的提升具有重大意义。截至2005年1月，华为已经与全球50家顶级运营商中的20家建立起合作关系。"国际伙伴越多，你在市场上的信任程度就越高。"这已成为华为人的共识。

值得注意的是，让利、给合作对象经济利益，并不意味着华为仅仅依靠价格的低廉从竞争中胜出。华为一开始基本上是在价格层面竞争，但现在已更多地与西方对手在质量层面上展开竞争。

"华为已经备尝资本的甜头，合资正在成为华为战略性侵入和分担风险的重要手段。"Frost & Sullivan（中国）公司总裁王煜全表示。

企业战略发展部已成为华为最重要的部门之一。"空手套白狼"在很多合资案里，华为"分文未掏"，仅注入相关业务和员工，就换取了控股权。

161

第四节　砍掉非强项业务

2001年2月，华为与爱默生电气签下秘密协议，将非核心业务华为电气（Avansys）卖给全球电气大王爱默生（Emerson），并改名为安圣电气，就此，华为获得了7.5亿美元（65亿元人民币）的现金。这是华为第一次通过出售公司资产获得资金，以防备公司可能遇到的危机。在华为总裁任正非看来，华为出售业绩良好的华为电气，保持充裕的现金流就是以守为攻。

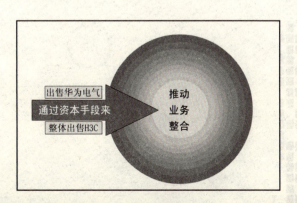

大公司都没有生存空间了，小公司更加困难。大公司为什么死不了？是银行不让它死，不是它自己不想死。如果它死掉了，银行就被套住了。这种连环性的社会影响还要相当长一段时间内才能完成。在这种情况下，我们公司要以守为攻。

****

我们现在账上还有几十亿元现金存着，是谁送给我们的？是安圣，人家给我们送来棉袄够我们穿两年的啊！

华为前高管胡勇分析道："华为充分利用中国的研发低成本。大量招聘研发人员。先利用主业务的研发和营销平台去培育新产品。当新产品（非电信网络核心产品）做大后，将其出售，一起到融资的作用，二将融资来的钱投入核心产品的研发和市场，通过补贴（降价）使核心产品迅速扩大市场份额，量产化，提高竞争力。摩托罗拉最早发现自己研发还不如OEM华为的产品，所以从2001年就开始OEM华为无线产品，先是GSM核心网，然后是3G的核心网、基站。在核心产品线华为用的是格兰仕微波炉的策略，其目的是不要有太多的王小二去开豆腐店。2001年，华为7.5亿美金出售电源和机房监控业务给爱默生。2005年，华为8亿美元出售H3C企业网和数据通信业务给3COM。"

整体出售H3C，是华为第二次通过资本手段来推动华为业务的整合。2006年11月29日华为公司宣布，华为已接受3COM的竞购报价，双方已完成华为3COM技术有限公司(以下简称H3C)的竞购程序。华为以8.82亿美金将其所持的H3C的49%股权转让给合作方3COM公司，交易完成后，H3C将成为3COM的全资子公司。对于华为转让股权，电信专家陈金桥博士分析认为，华为近几年国际化拓展相当激进，国际化拓展的收获期还未

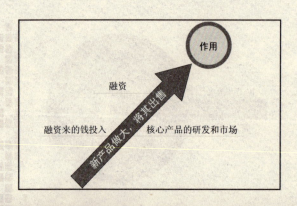

到来，资金比较紧张，出售股权融资是一个不错的选择。

如今，世界电信、移动通信业正处于转型期，中国通信业的资产重组带来了巨大商机，加上华为面向全球市场的扩张，对于庞大的华为而言，其现金流并不充裕，日显紧张。在这样一个大背景下，华为如果没有巨大的资金流保障技术的持续投入，以领先的技术领先市场，则很有可能失足于未来，而砍掉非强项的业务则有助于保证现金充裕。

第五节　不差钱，不上市

作为资金与技术双密集的通信行业，资金是否充足成为企业快速成长不可或缺的"一条腿"。而国人津津乐道的华为公司，原来与道琼斯、纳斯达克、伦敦指数、日经指数、恒生指数、标普指数、德国指数等等，一概无关。当然，华为投资的股票也与此无关。因此，华为上市一直是焦点：分拆、透明度考验、联合3COM……每一步都在牵动着业界的目光。人们在猜测，低调的华为究竟有着怎样的打算。有关华为上市的传闻，已经炒得沸沸扬扬。在外界的种种揣测中，事件的主角华为却始终保持着缄默。华为的上市从2004年就开始放出风声，直到今天还无定论。

与华为所不同的是，2004年12月，中兴通讯努力已久的"资本国际化"终于取得了历史性成果，公司成功在香港联交所挂牌上市，成为国内首家"A to H"公司。

上市的理由总是相似的，而不上市的公司却各有各的理由。华为不差钱，这也是外界揣测华为不上市的原因之一。很多人认为华为上市是迟早的事，

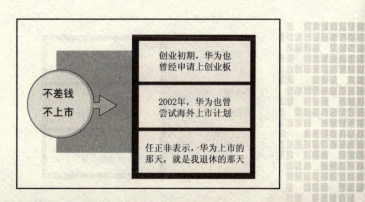

163

只是一个时间问题。"（华为总裁）任正非已经60多岁了，上市将是他考虑的最重要的下一步棋，估计只有在上市之后，华为的股权治理结构明晰化了，任正非才会放心交出他的权杖，现在的华为还带有不少人治的色彩，任正非的理想是构建一个国际化的、法治的华为"，一位华为的中高层人士预测。

任正非早先也曾明里暗里表示过：

华为上市的那天，就是我退休的那天。

****

我们不是不上市，而是在找一个合适的机会。

华为如果上市，复杂的股权结构将彻底暴露。因为一直不是上市公司，华为的经营策略不那么透明，也极少让竞争对手抓住把柄。非上市公司的好处是，华为在日子艰难的时候，没有回购股票的压力，同时也不需要为股东们一时兴起的多元化浪费精力。但弊处就是，华为因此缺少一个更加直接的融资渠道。

华为也有过上市的冲动，但却因为种种原因被拒。

当年华为也曾经申请上创业板，结果因为"没有科技含量"而被拒，确实是天大的讽刺。不过在当年的专家眼里，刚刚搞出万门程控交换机和GSM基站的华为确实也没有太多的"科技含量"。

2002年，华为也曾尝试海外上市计划。当年，由于内部股权太过复杂，剪不断理还乱，最终一直没有付诸实施。而为了解决内部股权问题，华为曾在2003年成立了华为控股，但由于内部员工的利益无法平衡，最终还是没有上马。

上市有助于华为员工持股规范化。如果在国内上市，可以将员工的股

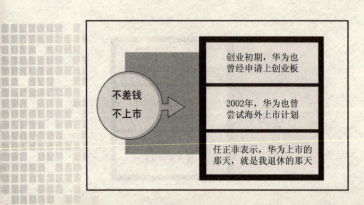

不差钱
不上市

创业初期，华为也曾经申请上创业板

2002年，华为也曾尝试海外上市计划

任正非表示，华为上市的那天，就是我退休的那天

份收集起来成立一个公司，以法人股的身份进入上市公司，但不可以流通。而如果在海外上市，员工股就可以上市流通，通过上市可以解决华为老员工大量持股沉淀下来的问题。据华为内部人士估计，假如按照目前华为每股净资产计算，全部兑现员工的股权将接近100亿元，这对于华为来说是一个沉重的包袱，而上市将可以把这个包袱让资本市场来消化。

关于是否需要上市也有着不同的观点。2009年11月，索尼前董事长出井伸之应深圳企业华为、万科和三诺之邀来深访问，出井伸之表示，不能把上市当作一种集资的手段，公司上市不等于企业是优秀的，不等于是成功的，仍需要在各方面好好努力。日本不少好的企业并没有选择上市，但依然受人尊敬。

不差钱
不上市

创业初期，华为也曾经申请上创业板

2002年，华为也曾尝试海外上市计划

任正非表示，华为上市的那天，就是我退休的那天

第 9 章　竞争战略

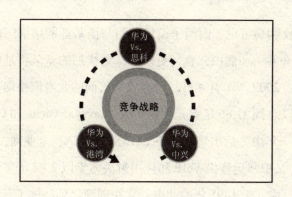

　　华为作为一名出色的通信设备商，在整个通信领域内面临着国内外同行业竞争者不断的竞争和挑战。因此，分析对比华为与其竞争对手的差别与共同之处，是深刻认识华为竞争战略必不可少的一环。

微软创始人比尔·盖茨在其著作《未来时速》一书中写道："将您的公司和您的竞争对手区别开来的最有意义的方法，使您的公司领先于众多公司的最好方法，就是利用有利的资源来干最好的工作。您怎样收集、管理和使用这些资源将决定您的输赢。"

华为作为一名出色的通信设备商，在整个通信领域内面临着国内外同行业竞争者不断的竞争和挑战。因此，分析对比华为与其竞争对手的差别与共同之处，是深刻认识华为竞争战略必不可少的一环。通过横向和纵向的这种全方位式对比，既可以更为深刻地认识到华为战略的独特之处，也能从中体会到华为管理的一些不足，从而对企业的管理工作形成更为全面、准确的认知。

第一节　华为 VS 中兴

爱立信收购马可尼、西门子通信部门与诺基亚网络部门的合并、朗讯与阿尔卡特合并……弱肉强食，更残酷、更惨烈的竞争将是电信设备市场的连番大戏。2009 年 1 月 4 日，曾经威风八面的北电网络向美国法庭申请破产保护并以总额 31.66 亿美元被爱立信、Aavaya、Ciena 和 Genband 瓜分，并在随后的一年中先后出售了旗下 LTE 及 CDMA、企业网、城域以太网、GSM 资产，又拟将运营级 VoIP 和应用解决方案以 2.82 亿美元的价格出售给 Genband。成立于 1895 年的北电，从初创到鼎盛经过了百年的时间，从鼎盛到衰弱却仅仅不到 10 年。

而中国的华为、中兴在"暮气沉沉"的国际巨头间是生机焕发的一对

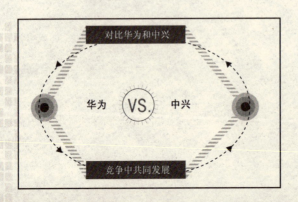

同城兄弟。

在国内，世纪之交的时候，很多理工科的毕业生都知道一个词组"巨大中华"。乍一听，莫名其妙，如果你摇头，会有人很得意地告诉你：这代表着通信业的四个大企业：巨龙、大唐、中兴、华为。曾几何时，"巨大中华"是中国通信产业的代名词，它们凭借在万门交换机上的群体突围，将长期在中国"横行无阻"的"七国八制"几乎全部"赶"出了中国。

但在几年之后，由于技术的革新，移动和数据通信替代交换机成为通信业的主流产品，在那次行业转型过程中，国内厂商之间也出现了差距，而且主要因为体制问题，差距越来越大。曾经在交换机技术上领先于"中华"的"巨大"逐步衰落，而完全属于外行介入、没有科班背景的"中华"反而后来居上，开始在全球通信之林中塑造着中国通信业的领先形象。而且它们的影响力已经远远超出传统的固定网络领域，在移动、数据、光通信、3G、NGN 等现在或未来的主流领域，它们都有自己的出色表现。

至于为什么后来只有中兴、华为能够走出来，其他的会慢慢地陨落甚至消失了呢？中兴董事长侯为贵在接受搜狐 IT 频道采访时说道："这个问题到现在我也没有想得很清楚，一方面可能跟深圳的环境有些关系，因为中兴、华为都是在深圳，这个也不是偶然的巧合，市场经济嘛，因为国家过去是计划经济是占绝对统治地位。

"市场经济要能够发展的话，首先就是从这样一个特殊的地域，跟香港连接这个地方，因为香港是完全市场经济为主了，可能生命力就更强一点。在这个地方，因为企业的管理层、员工，大家的思想和能力起码能够接受这样一个市场经济模式，市场和企业都有充分的竞争。

"此外，企业和员工的竞争意识，包括一些内部的管理，各种管理模式，

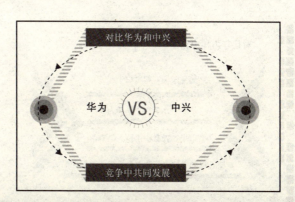

169

都能够更好、更快地借鉴于香港或者是海外这些市场经济的企业。

"这样一个有竞争力的模式，我想这个可能是一个原因。现在，大家也没有仔细来总结这个事情，为什么内地（的公司不行了），因为内地那些通讯公司都是政府直接控制的，按照过去的计划经济模式，一开始它们还是长子。

"那时候，政策对它们都非常优待，而且很照顾的，但是慢慢的，由于没有自己生长，体力也就越来越不行了，所以很多方面，对技术的发展、对客户需求的满足方面越来越差，所以就失去了竞争力，从现在往过去看的话，大概就是这个过程。"

在国内通信设备制造企业中，和华为同处于深圳的中兴可谓是华为最主要的竞争对手了。目前这两个公司的产品线并没有太大的差别，上马的产品也有很强的同质性，但是在产品的市场占有率方面，总体看来，华为处于明显的优势地位。

对比华为和中兴

从两个企业的对比中，我们可以发现其各自的优势和劣势，从而发现其竞争策略的内在逻辑。

"变身国企"和"白手起家"

作为比华为成立还要早的中兴，是于1985年2月，由航天系统691厂、长城工业深圳分公司和香港运兴电子贸易公司共同出资在深圳市成立的，最初名为中兴半导体有限公司，作为中兴通讯的前身，当时是主要从事来

对比华为和中兴

"变身国企"和"白手起家"

"是非不分"和"以和为贵"

"中华"兴盛和"巨大"衰落

洞察天机的"冒险"和无知无觉的"保守"

料加工的一个国有企业，由原任职于航天 691 厂的侯为贵任经理。1993 年
3 月深圳中兴通讯设备有限公司正式成立，并且于 1996 年 6 月被国务院确
立为 520 家重点国有企业之一。1997 年，中兴通讯 A 股在深圳证券交易
所上市。2003 年中兴通讯的营业额为 170 余亿元，2004 年更是达到了创
纪录的 212 余亿元。

中兴通讯的发展史和华为有相当大的差异。作为最早一批的民营企业，
任正非在 1987 年创立华为的时候只租了深圳湾畔的两间简易房作为自己
的厂房，员工们最初就住在用砖头隔开的仓库里。华为在 1992 年自行研
制全程控式交换机，但由于得不到银行的贷款，不得不向其他大企业拆借
利息高达 20% 以上的贷款。刚开始拓展国外市场还经常拿不到签证。就是
在这样一种情况下，华为研制出了 C&C08 机，企业开始快速发展，并走
向国际化发展道路。截至 2005 年上半年华为仅海外营业额就达到 24.7 亿
美元，占到全部销售额的 62%。

显而易见，相对于一路坦途，无惊无险，前身是国企的中兴而言，华
为是靠白手起家，通过不断的努力和奋斗，克服困难，逐渐成长起来的，
因此，华为企业自然而然会比中兴更加具有生命力，创业魄力和生存、发展、
竞争的经验。

"是非不分" 和 "以和为贵"

两个同为中国电子通讯领域龙头的企业，在产品市场上自然免不了激
烈的竞争。但是由于两个企业的性质以及领导人风格的极大不同，中兴和
华为不论是在管理还是产品的选择上，都存在很大的差异和效果。

对于华为企业和中兴企业的两位领导人任正非和侯为贵，有一种善意

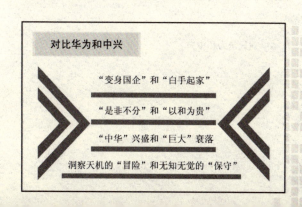

对比华为和中兴

"变身国企" 和 "白手起家"

"是非不分" 和 "以和为贵"

"中华" 兴盛和 "巨大" 衰落

洞察天机的 "冒险" 和无知无觉的 "保守"

的调侃："是非不分"、"以和为贵"。这句话揭示了两人个性上的差异：华为的领导人任正非是军人出身，行事果断，不拘常理；而中兴的领导人侯为贵则性情温和，善于平衡。这些个性上的明显差异造成了两大企业在领导风格上的巨大差异。

在中兴，国企公务人员出身的侯为贵历来以温和的表情、善于平衡的管理方法与不张扬的作风，赢得中兴员工的一致崇敬、爱戴与信任。中兴的员工说话也都比较随意，整个办公区一派乐融融的景象。此外，作为国有上市企业领导人的侯为贵，总是有意无意中避免带领企业冒更大的风险，而总是在寻求更为稳当的发展道路。就像其当初选择了几乎没有什么技术风险但却为自己带来巨大经济收益的小灵通作为自己近几年的主打产品一样，中兴历来就是踏踏实实，一切以稳妥为基础。很多时候，中兴的稳妥的管理作风使其能够最终击败竞争对手，但是也正是由于这种过于保守的稳妥在一定程度上让中兴长期没有大手笔的创造性产品，导致中兴经常被华为压制。

在华为，任正非大大咧咧，不修边幅，教训员工声色俱厉。在这样的环境影响下，华为的员工个个嗅觉灵敏，对市场及对手具有极强的进攻性，也就是人们常说的华为人更具有狼性特质。任正非带领华为在稳重、内敛之余，还倾向于冒险去抓住机会，充分体现了企业家敢于承担风险的特质。例如华为放弃技术简单却有丰厚利润的小灵通和CDMA，而把主要的精力全部用于当时几乎不被任何人看好的3G，并且在没有任何盈利的状况下一投资就是七八年，就目前3G的发展来看，华为的这一决策在日后无疑将是一个巨大的聚宝盆。华为的这种前瞻性和义无反顾的冒险精神是中兴所无法企及的。

对比华为和中兴

"变身国企"和"白手起家"

"是非不分"和"以和为贵"

"中华"兴盛和"巨大"衰落

洞察天机的"冒险"和无知无觉的"保守"

"中华"兴盛和"巨大"衰落

虽然两个领导人因个性不同而导致了领导风格的不同，对各自企业的发展产生了不同的影响，但是在对于企业整体发展机理的认知上，两人作为中国知名的企业家的判断具有很大的一致性。

同为高科技企业的领导者，两人都极为重视技术的发展，都在抓住20世纪90年代中国通信设备市场蓬勃发展的巨大机会的同时，清醒有效地解决了企业成长中的管理问题，两者在发展企业这一战略眼光上的不谋而合，恰恰是造成了"巨大"（指巨龙和大唐）衰落、"中华"兴盛的关键所在。

进入21世纪，华为和中兴都敏锐地意识到，要想让企业有更大的发展，科学有效的管理是必不可少的。就在华为大搞基本法、进行流程改造、组织变革的同时，中兴也开始了一系列的管理变革。可以说，二者在这场管理变革中各有千秋。

中兴陆续将整个公司划分为相对独立的事业部，并引进矩阵式管理和团队管理，将复杂的管理化整为零，同时，通过有效的评估和激励措施以及构建一个学习型的组织，保持了每个细胞的活力和能力。与华为对事业部严格的控制不同，中兴采取化整为零的做法，将整个公司分割为一个个具有独立经济责任的准事业部，并授予每个事业部及其总经理高度的"自治权"，部门奖金与部门绩效紧密挂钩。为了事业部的管理不至于失控，中兴还发明了独有的"合同有效价值"算法，即发货额减去配置材料成本，再减去事业部直接费用的结果，即事业部毛利，它直接与发货、成本、收款和自己的直接花费有关，而不仅仅是销售额，每个人的奖金都与这个值有关。这避免了事业部为了显示自己的成效而不计成本，从而使管理失控。

在比较能体现企业管理水平的质量管理方面，中兴早在1995年就率

173

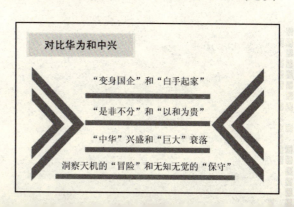

对比华为和中兴

"变身国企"和"白手起家"

"是非不分"和"以和为贵"

"中华"兴盛和"巨大"衰落

洞察天机的"冒险"和无知无觉的"保守"

先于国内同行通过了 ISO9001 国际质量标准认证，2000 年 10 月通过国家 2000 版 ISO9000 标准认证。在这点上中兴走在了华为的前面。但中兴并没有止步于此。2001 年中兴引入了六西格玛（六西格玛是目前国际上一种最新的管理模式，目标是追求零缺陷的产品质量和过程能力）的管理理念及方法。通过 3 年多的培训、推进以及六西格玛项目的实施，中兴与MOTOROLA 大学合作已培养黑带 82 名；完成了所有中层以上干部的六西格玛绿带培训，其中，近 700 人取得了绿带资格。至今，建立在各个过程和领域的六西格玛项目已为公司带来数亿元的预期经济效益。

在福利方面，中兴的分配努力在最大限度上向员工靠近，并不断完善对福利套餐的研究。据相关调查显示，中兴员工的薪金在国内的内外资同行业企业中居前三位。这种分配机制充分体现了现代企业讲究回报员工的理念。中兴也十分注重对员工的培训，在公司内部树立了员工终生教育的观念，同时，为了企业的稳定发展，中兴很早就实行了股权激励制度，近年来，各式各样的猎头公司围着"中兴通讯"打转，但中兴高级管理层始终保持稳定。

相比之下，华为的组织变革则显得更国际化。华为在 1998 年斥千万美元请 IBM 对其进行流程再造工程，之所以在全世界众多优秀的企业中选择了 IBM，主要就是希望能嫁接在濒临破产的边缘尚能转危为安的 IBM 的管理精髓。在题为《持续提高人均效益，建设高绩效企业文化》的发言中，任正非告诫华为的干部们：我们的一切是为了满足客户需要，我们的流程和组织就要围绕这个目的来建设。管理干部的配置是以能满足服务和监控所需的基本数量为基础，过大的配置会造成资源浪费，而且由于责任不清，反而会降低效率。

对比华为和中兴

"变身国企"和"白手起家"

"是非不分"和"以和为贵"

"中华"兴盛和"巨大"衰落

洞察天机的"冒险"和无知无觉的"保守"

此外，《华为公司基本法》第七十八条对产品的质量管理也作了明确的规定：优越的性能和可靠的质量是产品竞争力的关键。我们认为质量形成于产品寿命周期的全过程，包括研究设计、中试、制造、分销、服务和使用的全过程。因此，必须使产品寿命周期全过程中影响产品质量的各种因素，始终处于受控状态；必须实行全流程的、全员参加的全面质量管理，使公司有能力持续提供符合质量标准和顾客满意的产品。这就将质量问题作为一个不可撼动的条例确立了下来。

在员工福利方面，华为之所以被那么多业外人士所熟知，很大的一个原因就是其员工待遇在业内是第一流的。只要在华为工作五年以上，就会有相当丰厚的年终分红，买车买房基本是不成问题的。很多人也了解到，华为在对员工的培训方面更是不惜血本，不论是对新员工进行的近半年脱产培训，还是对在岗职工进行的知识更新培训，华为都给予充分的重视，真正做到了在企业内部培养人才。

对于变革重要性的认识，任正非在《华为十大管理要点》中说：要处理好管理创新与稳定流程的关系。尽管我们要管理创新、制度创新，但对一个正常的公司来说，频繁地变革，内外秩序就很难安定地保障和延续。不变革不能提升我们的整体核心竞争力与岗位工作效率；变革，究竟变什么？这是严肃的问题，各级部门切忌草率。一个有效的流程应长期稳定地运行，不应因有一点问题就常去改动它，改动的成本会抵消改进的效益。随后，通过市场部干部大辞职、岗位轮换制、设置100多位副总裁，华为的变革取得了长足的进展。

总之，通过上边的比较分析，在借鉴国际先进企业管理经验的基础上，二者在企业管理的各个领域都取得了骄人的战绩。虽然各自在方法上有所

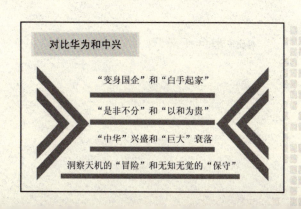

对比华为和中兴

"变身国企"和"白手起家"

"是非不分"和"以和为贵"

"中华"兴盛和"巨大"衰落

洞察天机的"冒险"和无知无觉的"保守"

差异，但是整体上讲，致力于解决企业快速发展中的管理问题是两者最大的共同点，也是最值得其他企业借鉴的精华之处。

洞察天机的"冒险"和无知无觉的"保守"

由于企业渊源的区别和差异，导致两个企业对政府政策敏感度的把握也有很大的不同。

中兴、华为在 CDMA 和小灵通业务上的一得一失，决非偶然。关键在于两家公司不同的背景。中兴通讯源于国家航空航天部，属于国有企业改制来的公司，与中央上层有着千丝万缕的联系，政治敏感度高，对政策走向的把握明显要比华为好。在国家关于 CDMA 和小灵通的政策尚不明朗的时候，中兴通讯毅然决然地介入，外表看是冒险，但事实上很可能是对政策走向预先有了充分的了解。而华为由于对政策走势难以把握，只能走保守路线——已经有的 GSM 肯定还有市场空间，而且由于 GSM 与 CDMA 在通话功能上没有太大区别，再花巨资建设新的网络没有必要，这是常理的推论。所以，华为就选择了风险较小的 GSM 和第三代 GSM（宽带）。但是，最终国家有关部门同意了中国联通发展 CDMA 业务是华为绝对始料未及的。

竞争中共同发展

华为、中兴一对路窄的冤家在竞争中不仅没有彼此消耗，反而共同成长的经历耐人寻味。首先，电信竞争最大的格局是国内企业与国外企业的竞争。就像奥运会一样，我们的选手面对的最大对手是国外优秀选手，战

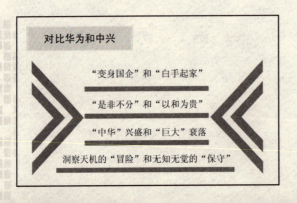

对比华为和中兴

"变身国企"和"白手起家"

"是非不分"和"以和为贵"

"中华"兴盛和"巨大"衰落

洞察天机的"冒险"和无知无觉的"保守"

胜国外选手是最根本的任务。

"华为中兴，既非兄弟，也非死敌，而更类似于国共合作。"国联证券在接受《南方都市报》采访时指出，对于海外运营商而言，两者都是"中国制造"，任何一方已有市场突破都有利于另一方的突破，这导致了两者共同争抢海外竞争对手市场份额的热闹场面。"华为市场的覆盖范围大于中兴通讯——尤其是进入欧洲之后，少许减缓了与中兴通讯正面竞争的内在动力，导致两者之间竞争激烈度比国内市场要低，从而有利于产品毛利率的维持；吸引了海外竞争对手的火力，客观上减轻了中兴通讯的压力。"

两家的竞争关系无法避免：华为和中兴70%的产品趋同，它们几乎无法彼此绕开。因战略及经营策略不同，有时候也导致了华为与中兴之间形成借力打力、借刀杀人的情况。1998年以前，中兴在接入网市场上的产品份额一直遥遥领先，但是后来，华为介入这一市场以后，仅用了不到一年的时间，就在接入网市场上取代了中兴的地位，成为该市场的霸主。从此，无论是在交换机接入网，还是无线、数据、传输、智能、电源监控产品这几个单项战略产品系列中，中兴每个产品线的销售额甚至都不到华为的三分之一，在这些领域再也没有赶上华为。究其原因，关键就是华为抓住中兴产品研发周期长，对市场需求不敏感，缺乏领导市场的意识等缺点，制定了先发制人的战略，每次千方百计抢在中兴前面把新产品和新技术投放市场，把本该属于中兴的那一部分超额利润和巨大的市场在第一时间内都揽入了自己怀中。

打归打、斗归斗，华为中兴毕竟姓"中"，彼此再怎样冲突那也是兄弟间的事情。一位中兴高层透露，在前几年华为与思科的知识产权官司中，中兴从来没有发表任何不利于华为的言论，并对华为持同情态度。

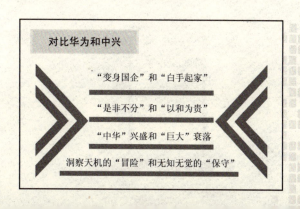

对比华为和中兴

"变身国企"和"白手起家"

"是非不分"和"以和为贵"

"中华"兴盛和"巨大"衰落

洞察天机的"冒险"和无知无觉的"保守"

第二节 华为 VS 思科

竞争对"世界第一CEO"韦尔奇而言，已不只是获取成功的必由之路，它更是一种每天持续不断的工作状态。竞争越激烈，他的生活就越是充实。他认为："我们每天都在全球竞争战场的刀光剑影中工作，而且在每一回合的打斗之间，甚至没有片刻时间休息。"对于竞争的价值，韦尔奇曾表示："美国最繁荣的时刻正是它竞争得最残酷的时刻。最残酷的竞争时刻同时却是最令人兴奋、最有犒赏价值、最感到充实的时刻，因为它是公司拓展疆域的契机。"

华为与思科的竞争也正是华为拓展疆域的契机。

2007年11月，思科总裁约翰·钱伯斯（John Chambers）做客北京大学，有听众提问说，思科和中国传统的电信公司像华为和中兴，你们是怎么样合作和竞争的？钱伯斯回答说，思科有很多很好的竞争者，如果在这个产业没有一个很好的竞争者，你就不会感到兴奋。如果思科的网络成为平台，提供不同的应用，肯定会有现在的竞争者，未来的竞争者。钱伯斯表示，从长远角度讲，Google、微软、阿尔卡特-朗讯和华为是思科的四大竞争对手。

被誉为互联网时代最佳网络公司的思科，于1984年12月在美国成立。1986年，思科第一台多协议路由器面市，1993年，世界上出现第一个由1000台思科路由器连成的互联网络，思科系统公司也从此进入了一个迅猛发展的时期。如今思科系统公司已成为公认的全球网络互联解决方案的领先厂商，其提供的解决方案是世界各地成千上万的公司、大学、企业和政

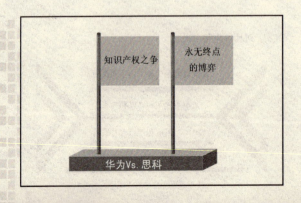

知识产权之争　　永无终点的博弈

华为Vs.思科

府部门建立互联网的基础，用户遍及电信、金融、服务、零售等行业以及政府部门和教育机构等。

同时，思科系统公司也是建立网络的中坚力量，目前互联网上近80%的信息流量经由思科系统公司的产品传递。思科已经成为毋庸置疑的网络领导者。思科系统公司目前在全球拥有35000多名雇员，2004财年的营业额超过220亿美元。思科无疑是全球范围内所有网络通信设备商最大的、也最有力的竞争对手。

从我国企业的实际来看，成立短短二十几年就能在世界舞台上有所作为，华为的成就足够在国内傲视群雄。但是从世界范围来看，特别是在发达国家，思科才是真正达到了企业成功的层次。要知道华为创建仅比思科晚四年，即使从华为正式进入通信设备制造领域的1992年左右算起，也只是晚八年。但作为一名老牌CEO，钱伯斯自1995年以来已经成功地使思科的销售收入从12亿美元增长到2008财年的395亿美元，净利润80亿美元；而华为2008年销售收入仅为183.3亿美元，净利润11.5亿美元。

在这样的大背景下，华为在20世纪90年代中期自行研发通信设备的时候，在一些方面难免有模仿思科的痕迹在里面。但是通过不断地摸索与引进，华为在产品的技术、服务质量和企业管理方面都有了长足的发展。不仅占据了中国通讯市场的大片领土，产品在亚非国家也得到了不错的反响，其专利每年突破1000余件；特别是近年来，华为一直潜心研究3G，就目前的发展情况，完全已经达到世界一流水平，被业内冠以"中国的思科"称号。

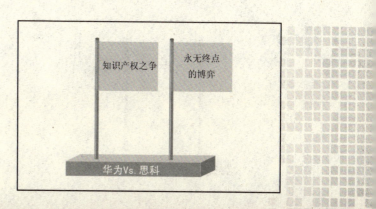

知识产权之争

随着 21 世纪的到来，思科惊奇地发现在自己国家的土地上竟然也有了中国的通信器材品牌——华为，而且华为在全球的业务也已经开花结果。经过进一步的了解，思科发现华为在技术管理上从最初的被思科牵着鼻子走，到现在一套一套地发布自己的解决方案来影响用户简直不可同日而语，思科越来越清楚地意识到这个中国企业带给自己的威胁。

2003 年 1 月，思科在美国正式对中国的华为提起诉讼，罪名有诸如盗用以太网的套片技术、路由器硬件技术、路由器软件技术等，几乎涵盖了知识产权法的所有方面。华为对这场诉讼就早有预料，但华为人没有想到会是这么快。中国农历羊年春节前夕，思科起诉华为的知识产权侵权案无疑成了世界关注的焦点。据说，华为总裁任正非曾不无轻松地说道："这是思科送给华为的一个意外的春节礼物。"

事实上，思科与以华为为首的中国本土企业在中国市场上早就展开了一场近乎残酷的肉搏战。由于那些年，我国政府采取节省资金和实际功能需求的目的采购设备，使得像思科这样的国外企业失去了很大的市场份额，华为又将产品卖到了自己的家门口，思科只有在知识产权方面寻求突破。

现今社会，知识产权已经成为公司间产生纠纷的一个重要因素，对知识产权的管理也被越来越多的公司所重视。

在国外，像思科这样的大型企业历来非常重视知识产权的管理和保护。早在 1994 年，当公司年收入达到十亿多美元时，思科就开始正式制订计划，旨在建成强大的专利群。截至 2003 年，仅在美国，思科已经申请到专利的产品就有 1000 多个，还有 2700 多个正在等候美国专利办公室的评

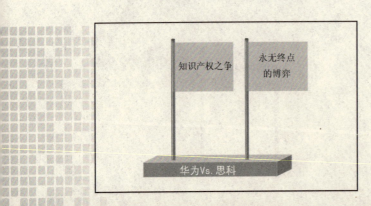
知识产权之争　永无终点的博弈

华为Vs. 思科

审。专利可以保护思科进行创新的权利。通过捕捉新想法并为其申请专利，思科拥有了更多自由空间，以进行新技术开发，并将它转变为增值产品提供给客户。

而在华为，对知识产权的重视程度丝毫不亚于思科，华为从创立北京研究所起，就致力于自主知识产权的研发，随着实力的增强，在世界各地已经建立了6家华为研究所，仅海外的市场研发人员就超过2000人；仅2005年一年，华为开发的专利就超过3000件，甚至走到了思科的前面。这也是思科会大张旗鼓地对其进行法律诉讼的诱因之一。

早在1998年的时候，占有市场绝对份额的朗讯就曾起诉思科侵权，其间控告思科盗用其知识产权的企业更不是一家两家。但在5年后，已成为行业霸主的思科之所以也这么做，目的再明显不过，就是企图将华为拦在自己好不容易筑起的通信壁垒之外，维持其既得利益和市场地位。

在这场官司中，思科最为担心的政府干涉始终没有出现，反倒是在思科提起诉讼几个月后，和华为结盟的美国另一家路由器生产厂商3COM站了出来用自己的信誉为华为作证。任正非为华为如何应讼定的指导思想是十个字：

敢打才能和，小输就是赢。

最终这场耗时1年半之久，吸引了无数人目光的跨国知识产权纠纷以庭外和解落幕。

永无终点的博弈

通过一起知识产权案，可以清楚地看到华为作为中国民族企业的代表，

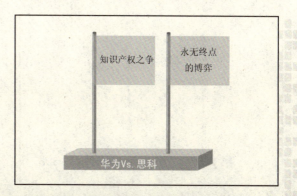

在世界舞台上已经占据着越来越重要的地位。不光是产品的专利优势，其在管理运营等方面也在赶超像思科这样具有超强并购管理能力的行业巨头。

在员工激励方面，华为就是我国最早注重用高薪和期权激励员工的民营企业，可以说在国内企业中华为做得很不错。即使是相对于拥有堪称世界上独一无二的全员期权方案的思科来说，华为的薪酬体系和其极具特色的员工培训制度也是具有很大优势的。虽然思科实行了全网络培训，但华为根据中国的具体国情推行的脱产培训制度同样对人才具有很大的吸引力，而且从长远来看，华为如果能继续保持这一管理特色，其在今后的管理中还会有相当大的发展空间。

在员工福利上，虽然思科的亿万富翁都扎堆，全部实现网络自我服务；但是华为也在尽自己最大的努力为员工提供最好的待遇。例如华为在深圳为其员工兴建的百草园职工基地，无论是从硬件设施还是科学管理上，绝对能够达到星级标准。作为一个高科技企业，华为方便员工的信息化管理模式也在一点点走向成熟。

华为在客户服务方面的管理更是在业界有口皆碑的，在国内，几乎没有一家企业能够比华为的客户关系做得更细致，更扎实，华为切实地把"顾客就是自己衣食父母"这句话体现在了自己的实际行动中。据相关资料显示，思科总裁钱伯斯把自己55%的时间用于与客户打交道，每天都要与公司的15个关键客户保持电话联系，发现问题就及时处理。而华为总裁任正非除了接见自己的客户，甚至十几年来都没有接受过媒体的正式采访，保持着一贯的低调作风。

通过以上几方面的比较可以发现，作为一家世界级的企业，思科的确

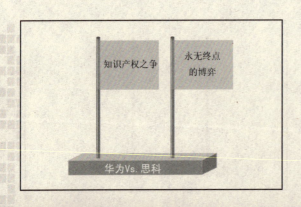

在经营管理等诸多方面处于行业的领先地位，可以说，华为与其相比还有相当长的路要走。但是从思科把华为当作自己未来最强劲的对手这点来看，华为这几年的发展确实是有很大的成效，在世界舞台上有了自己的一席之地。但是，在错综复杂的国际环境下，一方面要努力提高自己的产品性能和研发能力，另一方面要谨慎进行培育反垄断和反不正当竞争等方面的势力。华为的国际化道路还很艰巨。

商业世界没有永远的敌人。2005 年 12 月的一天，也就是在结束诉讼案的 18 个月之后，曾经对华为使出"杀招"的思科董事长兼 CEO 钱伯斯悄然来访华为，而任正非也对这位怒目相视多年的"夙敌"进行了最高规格的接待。

2007 年 11 月，钱伯斯在接受媒体采访时说道："有关竞争这个问题，华为是非常好的公司。最好的一点，看一下互联网这方面。我们最大的竞争通常来自于创业型的公司。思科成为一个创业公司的时候，我们的成功因素和他们的成功因素非常相似，我们来看一下文化方面。公司的一些决策，一些举动都是取决于客户的需求，比如做话务业务。还有一点，保证在公司的增长过程中，不断推动、鼓舞团队的士气。还有市场的发展、人才的需求，还有政府的因素，政府确实能够发挥非常与众不同的作用，去创造一个适合每个行业发展的环境，同时我们再来看一下我们应该为了实现更多的商业目标而去承担更大的商业风险。对于竞争对手也是这样的，在这个行业我们应该与竞争对手，同样作为一个集体来发展，比如通过一些金钱方式鼓励，借鉴互联网的一些教训，一些历史告诉我们如何进行更好的竞争。"

183

知识产权之争　永无终点的博弈

华为 Vs. 思科

第三节 华为 VS 港湾

素有小华为之称的港湾网络有限公司是原华为最年轻的副总裁李一男于 2000 年在北京创办的一家专注于宽带领域，从事宽带网络通信技术和产品研究开发、生产销售和服务的高科技企业。企业在 2001 年销售额就达 2 亿元，2002 年为 4.1 亿元，2003 年为 10 亿元，2004 年合同销售同样为 10 亿元。其产品线从简单的接入层交换机发展到拥有万兆核心路由器和交换机、MSTP 智能光网络、ADSL/VDSL 宽带接入设备、软交换，到面向 NGN 的大容量综合接入万门局等在内的完整的全网解决方案。在数据领域，港湾网络还缔造了多个国内第一：首家推出填补了国内多项技术空白的全线速 T 比特万兆核心路由器，同时获得国家 863 课题资助并建立了"国家 863 计划 T 比特路由器实验室"。2004 年一、二季度 CCID 在国内宽带网络设备市场的统计结果表明，港湾网络在国内高端交换机、路由器领域，以及在中低端以太网交换机领域的市场占有率，均已进入国内市场前三甲。

华为对港湾：从扶植到竞争

港湾之所以能够在短短几年内在群英荟萃的网络界异军突起，其与华为的历史渊源在中间起到了相当大的作用。

从 1994 年开始即初涉数据通信领域至 1997 年生产出第一款路由器产品，华为的弱势在于分销体系上没有任何经验与积累，这个全新的领域让

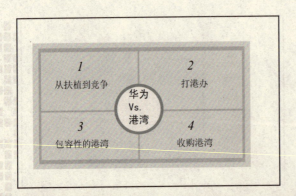

184

此前专事运营商直销的华为有点无从下手。于是华为考虑以扶持内部员工出去创业的方式来培养自己的首批核心经销商。

于是，在 2000 年 4 月，深圳五洲宾馆，华为总裁任正非率数十名核心高管参加了一个隆重的欢送会。据《中国企业家》杂志的记载，一位参加送行的华为人士现在对当时的场景还历历在目。宾馆大堂里，是华为国际部的员工唱着"雄赳赳，气昂昂，跨过鸭绿江"进行开赴国际市场前的动员大会，而在另一侧的会议室中，是欢送大会的现场，整个气氛非常感人。这次欢送会只是为了一个人——李一男，他在离职前是华为常务副总裁，华为内部公认的最有影响力的人物之一。

2000 年底，李一男带着从华为拿到的价值 1000 万元的设备北上京城，创立了北京港湾网络有限公司。港湾网络在业界第一次露面时的身份是华为企业网产品的高级分销商，那是在 2001 年 2 月。

在成立以来的八九个月时间里，港湾网络非常低调，埋头做事。在推广华为产品的同时，自己研发的网络产品相继问世。2001 年，靠销售华为产品和自己研发的部分产品，港湾网络获得了 2 亿元的收入，其中 1.7 亿元的销售业绩都是来自于华为的产品分销和支持。"李一男"三个字在华为的分量着实不轻。很快，在 2001 年就有上百号华为研发和市场体系核心骨干加盟港湾。凭借李一男此前在华为的人脉关系及任正非的信任，港湾网络由一个刚出襁褓的小公司一夜间成为绝对一家独大的华为企业网产品的高级分销商，随后的业绩更是节节攀升。

2001 年 12 月，创办港湾网络仅 10 个月的李一男在接受《中国计算机报》记者采访时说道："当前的网络建设正向着以园区网建设为主的方向发展，从窄带数据互联业务转向宽带网络建设。宽带 IP 网不是 Internet 简单的宽

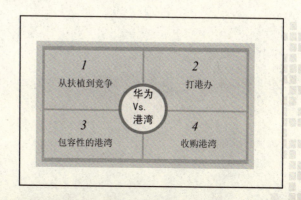

带化，它是未来电信的基础网络。"当时李一男还预计，在企业网的 IT 建设方面，当年的增长应该在 30%以上。而且这个时候，因为瞄准了企业建网的需求，代理华为产品起家的港湾网络迅速推出了自己的全线交换机产品。

2002 年，华为正式收回了港湾的代理权，并派重兵加大了市场开拓的力度。2002 年初，临危受命的郑树生开始操刀重组分销渠道的组织架构。

2002 年 11 月，网络设备厂商们的竞争焦点仍在千兆产品上，因为那已经领先用户需求了。但港湾网络那时一举收购了欧巴德公司，从而拥有了万兆产品。2002 年底，重新夺回分销渠道控制权的华为当年销售收入迅速从 2001 年的 3 亿提高到 13 亿。当年，华为在国内市场全面开花，一方面以直销争夺通信市场，一方面在企业网也寸土必争。赛迪数据显示，2003 年，华为中国路由器以及以太网交换机分别占领了 21.6% 和 21.2% 的市场份额。

2003 年 12 月 29 日，港湾网络和深圳钧天科技正式合并，港湾网络拿下了深圳钧天在 MSTP 光网络领域的全部技术和专利。收购钧天彻底激怒了华为。事实上，对华为而言，港湾联手钧天的确是个太过危险的信号了。光通信业务对华为来说是绝不可侵犯的：2004 年起，一直经历严冬的光通信市场呈现好转迹象，华为的光业务则进入了成熟期，它的净利润高达25% ~ 30%，一年能为公司提供六七亿美元毛利。光网络是华为的一项重要收入来源，也是其一直引以为豪的领域。

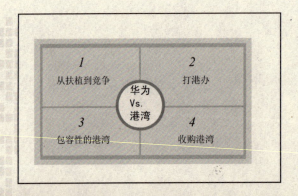

打港办

在思科官司的影响下，华为再次发力数据通信市场，而 2003 年的港湾已经成为年销售收入达 10 亿元的公司，华为与港湾的冲突终于爆发。

据《环球企业家》记载："虽然从 2003 年年中起，华为已经在局部市场与港湾展开了直接竞争，华为迅速成立了一个叫做'打港办'的机构，专事研究港湾的一举一动，研究相应举措。少为人知的是，这个著名机构甚至分为两个层面：日常运行的一层是一个几十人的组织，他们能够调动各种资源展开行动。还有一个战略层面的打港办，它由华为副总裁郭平牵头，每周向任正非汇报工作，讨论如何从战略上来打击港湾。"

"之后两年里，打港办的工作效率足以让所有港湾员工惊叹：它知悉港湾的每个举动，了解港湾的每个细节，几乎能够挖走它想挖的任何人。这让港湾一方的人士无奈地比喻说，港湾就像'生活在玻璃屋里'。"

对于华为的市场人员来说，只要是有港湾参与的竞标，无论多低的价格都一定要成功，否则就自动走人，双方竞争的惨烈程度已经完全公开化。

2004 年，港湾开始着手海外上市，随后的两次上市努力均未成功。第一次止步于向美国证券交易委员会（SEC）申报前，港湾的上市计划最终因为匿名邮件泄露引发了"虚造业绩"、"资金链断裂"的诸多流言，从而导致了港湾第一次严重的离职高潮，上市计划最终流产。

第二次未获 SEC 批准，便不了了之。在 2005 年港湾准备和西门子合作寻求上市之际，华为又给港湾寄出了律师函，指责对方多项产品涉嫌侵犯华为知识产权，致使港湾在海外上市受阻。又由于 2004 年起港湾销售业绩连年下滑，在 2005 年 12 月 31 日，国际通讯巨头西门子以 1.1 亿美元

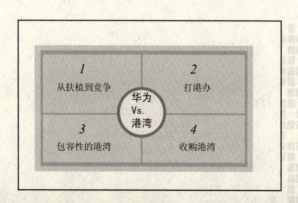

（约合 8.8 亿元人民币）的价格，将港湾包括三个系列的宽带高端产品的全部技术、专利以及 100 余名技术人员在内的核心资产揽入怀中。据悉，这部分资产所带来的利润占到港湾网络总体的近 60%。

到 2006 年 5 月李一男与任正非见面时，港湾的自有资金只够维持正常运行半年。在与西门子交易失败后，港湾已经得不到资本的支持。

事后，华为收购港湾后，任正非在与港湾高层杭州谈话会议上谈道：

这两年我们对你们的竞争力度是大了一些，对你们打击重了一些，这几年在这种情况下，为了我们自己活下去，不竞争也无路可走，这就对不起你们了，在此表达歉意，希望你们谅解。不过华为逐鹿中原，也是惨胜如败。但愿我们摒弃过去，面向未来，取得双赢。

包容性的港湾

单就港湾在短短几年内取得的成绩，不可否认港湾在企业的管理运作上有自己独到的优势。对于李一男来说，能够另起炉灶，并且还是干和华为有着千丝万缕联系的网络，靠的就是自己与华为有很大差异的核心竞争力。

当年港湾创始人李一男是带着华为的技术、华为的员工、华为的管理理念，甚至部分华为的文化走出华为，创立港湾网络有限公司的。当时随李一男出走华为的一百余名员工，几乎全是华为的精英。这些人也都在港湾占据了重要的位置。比如，港湾网络副总裁彭松此前身份是华为公司国内市场主管副总裁，公司负责产品的常务副总裁路新是原华为技术数据通信部总经理。此外，公司开发体系与销售体系核心团队也基本上以华为员

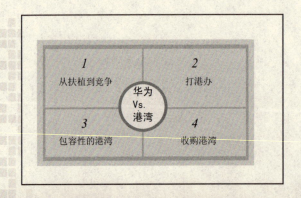

工为主。这种历史问题的存在，就使得港湾在管理与发展中既有华为的影子，又避免了很多华为在管理上的不足。

通过一系列科学规范的管理措施的实施，使得港湾从一开始就不同于其他的 IT 创业公司，表现出了更为专业化的特征。在文化方面，李一男要求港湾的文化要具有弹性与包容性，不能过于独特，因为这会排斥外来文化。"不希望港湾与一些公司特别一样或特别不一样。"李一男称，"港湾不排斥任何一家企业好的经营方式，也不会言必称华为模式，任何简单复制华为的方式，在新的环境中一定是落伍的。"这一文化的定位充分体现了港湾以做一家国际中型企业为目标的定位。因为中型企业最重要的特长之一是要具有相当的灵活性，文化上过于独特就会使自己的发展受到多方局限，从而失去灵活性的优势。并且这种弹性与包容性的企业文化发展方向，还能够促使港湾不断吸收新的血液来补充自己，发展自己。这点可以说是和华为较为集权的军事化文化有很大的差别，而且就目前的发展来看，港湾的这种文化显然更适合今后社会的发展。

在具体战略定位上，港湾也紧密联系自己的企业定位。与移动通信业务领域强手如林的现状相比，数据通信领域只有思科一家独大，后来者相对来说比较容易进入。对技术具有深刻洞察力的李一男敏锐意识到这一点："华为目前在数据通信领域是一个相对薄弱点，同时也是一个潜在机会点，我本人对这方面的发展也很感兴趣。"也因此在 2004 年中国国际通信设备技术展览会上，港湾网络鲜明地提出"与宽带同行"的战略，锁定宽带产业，向业界展示了"与宽带同行"的清晰战略定位。这种战略定位，不但显示了港湾管理层对于发展机会的把握，也从另一方面反映了港湾在力图避免与华为展开直接的竞争。这虽然很大程度上是基于实力的考虑，但是难免

189

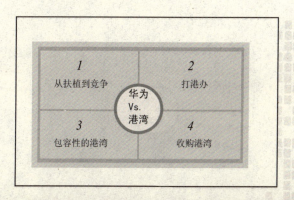

也会有想尽力远离华为的想法。

在研发管理上，港湾比华为更重视研发。港湾每年研发经费的投入占整体销售额的 12% ~ 15%，研发资源人员占到公司员工总数的大半。港湾方面表示：自己是目前中国所有高科技企业中投入研发人力、物力比例最大的公司之一。

港湾从一开始就像华为那样重视质量、服务等。在质量控制上，港湾网络与全球著名的专业电信和电子设备生产服务厂家 VIASYSTEMS（惠亚）建立了长期紧密的合作关系，委托其生产加工自主研制的产品。港湾网络在 VIASYSTEMS（惠亚）设有专职质量控制部门，负责跟踪监控港湾网络产品的生产、加工、测试全过程，全面保证产品的出厂质量。再有，港湾网络生产体系是由采购认证、品质保证、仓储货运中心，负责公司产品的器件认证、品质控制、库存管理及客户订单履行工作，保证高品质的产品能及时、准确、安全地抵达客户手中。

在服务方面，港湾网络同样像华为那样以客户为中心，建立了以技术支援部北京总部为中心，7 个片区技术支援部、28 个办事处（含香港）技术支援部为主体的三级服务体系；各办事处技术支援部拥有专业服务队伍，并全部配备了港湾网络专用工程维护车辆和测试维护用仪器仪表，快速响应客户需求；建立了从公司备件中心到省备件中心的二级备件保障平台，向客户提供全面维修与备件供应服务。

虽然港湾做得比较专业化，也力图在探求一个和华为不同的管理发展模式，而且他们也给了业界一个具有良好管理素养的企业的印象。比如，2002 年港湾刚出现在市场上的时候，他们的销售人员是清一色的职业装，式样完全一样，而且在西装上别一个港湾的徽标，比华为正式很多。从这

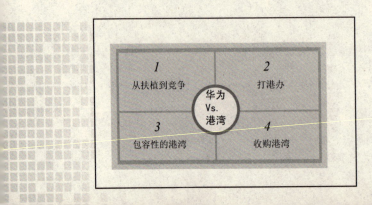

件小事上，可以看到港湾的确比较注重企业管理的问题。然而，作为一家刚刚成立，处于快速成长中，并受到外部竞争对手打压以及自身资金链压力的企业，港湾在管理专业化上，不可避免地和各方面实力都很雄厚，并且已经在管理上积极和国际接轨的华为有相当的差距。

例如在网上所流传的港湾因借贷太多而产生的"虚假"合同问题；发货管理混乱，发货记录不健全，公司无法对账；财务管理不严格，收入确认没有明确的截止时间，造成收入确认的混乱。这些问题到底是否存在，我们不必作过多分析。但是作为一家迅速发展壮大，把组织建设迅速遍及全国，销售范围也走出国门的企业来说，在我国当前的外部管理水平以及人才管理素养都相对来说较低的环境中，港湾必然会存在一些类似的管理问题。

通过上面的比较分析，我们可以看到虽然港湾"出于"华为，也的确吸取了华为许多有益的管理思想和方式，但是由于各自的发展定位不同，港湾已经在自己企业的发展过程中形成了一套独特的管理风格和文化涵养，从而实现对华为管理另辟蹊径的超越。而从整体上看，一般从华为出来的创业者们成功率并不高，其主要原因在于他们往往在经营管理上效仿华为的不计成本、高额投入等等，却忽略了自己公司的实力及所处环境与华为当初的情况已经是截然不同。

收购港湾

2006 年 6 月 6 日，港湾网络与华为联合宣布，就港湾网络转让部分资产、业务及部分人员给华为达成意向协议并签署 MOU（谅解备忘录）。根

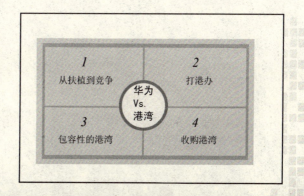

据双方达成的协议,转让的资产和业务包括路由器、以太网交换机、光网络、综合接入的资产、人员、业务及与业务有关的所有知识产权。2006 年 9 月 11 日,李一男重返华为,这距离他出走已经历时 6 年。回归后的李一男职务为副总裁兼首席电信科学家,掌管华为战略与市场部。

在最终将港湾网络并购后,擅长做思想政治工作的任正非试图用文字缓解华为旧将的顾虑。

分分合合也是历史的规律,如果把这个规律变成沉重的包袱,是不能做成大事的。患难夫妻也会有生生死死、恩恩怨怨,岂能白头呢? 只要大家是真诚的,所有问题都可以解决……从现在开始,前半年可能舆论界对你们会有不利的地方,但半年后,一定是十分正面地评价你们的行动。

任正非在与港湾高层杭州谈话会议上谈道:

你们开始创业时,只要不伤害华为,我们是支持和理解的。当然你们在风险投资的推动下,所做的事对华为造成了伤害,我们只好作出反应,而且矛头也不是对准你们的。2001 至 2002 年华为处在内外交困、濒于崩溃的边缘。你们走的时候,华为是十分虚弱的,面临着很大的压力。包括内部许多人,仿效你们推动公司的分裂,偷盗技术及商业秘密。当然真正始作俑者是西方的基金,这些基金在美国的 IT 泡沫破灭中惨败后,转向中国,以挖空华为,窃取华为积累的无形财富,来摆脱他们的困境。华为那时弥漫着一片歪风邪气,都高喊资本的早期是肮脏的这一口号,成群结队地在风险投机的推动下,合力偷走公司的技术机密与商业机密,像很光荣的一样,真是风起云涌,使华为摇摇欲坠。竞争对手也利用你们来制约华为,我们面对了基金、竞争对手更大的压力。头两年我们通过加强信息安全、交付件管理才逐步使研发稳定下来;加强市场体系的干部教育与管理,使市场崩溃之风停住了。开了干

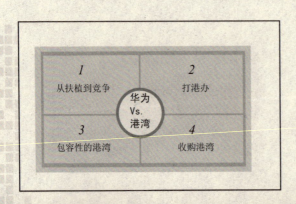

部大会，稳定了整个组织，调整了士气，使公司从崩溃的边缘又活回来。后来我们发现并不是和你们竞争，主要面对的是基金和竞争对手，如果没有基金强大的力量，你们很难招架得住我们的竞争压力。我们敏感到基金的力量，与巨大的威胁，如果我们放弃竞争只有死路一条。如果基金这样做在中国获得全面胜利，那么对中国的高科技来说是一场灾难，它波及的就不止华为一家了。因此，放任，对我们这种管理不善的公司是一个悲剧，我们没有退路，只有坚决和基金作斗争。当然也要面对竞争对手的利用及挤压。因此，较大地挫伤了你们，为此表达我的歉意。

从任正非把李一男调离中央研究部，到百般挽留后为李一男召开的欢送会，再到华为最终收购港湾，李一男被重新任命为华为副总兼首席电信科学家，任正非和李一男的关系并非看起来的那么敌友分明，有人甚至形容，这与父子关系有着惊人的相似。

栽了个大跟斗的李一男不久之后就选择了远走百度。2008 年 10 月，李一男出任百度 CTO。百度董事长兼首席执行官李彦宏宣布"董事会已经任命李一男先生为百度公司首席技术官（CTO），任期从 2008 年 10 月 6 日起正式生效"。此外，李彦宏还特别提及李一男只需向他汇报。然而就在 2010 年 1 月 19 号百度宣布公司现任 CTO 李一男将因个人原因离职。李一男离开百度加盟中国移动，任 12580 运营公司 CEO。

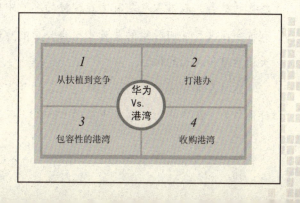

李一男离开华为时所作的"内部创业宣言"

尊敬的各位同事:

在任总的成功领导下,经过一代又一代干部的努力,华为公司经过十数年不断的拼搏,发展成为了中国领先的国际性通讯企业。现在仍然不断在管理、研发、市场上大踏步地前进,在新的世纪内将继续保持快速健康的发展。我为自己有幸成为其中的一员,在华为这个集体中工作了八年而感到自豪和骄傲。

华为公司的发展得益于公司领导坚持根据业务发展不拘一格地选拔培养干部,一大批优秀干部在华为的环境中得到锻炼,脱颖而出,形成了干部能上能下的良好氛围。今天的华为不断向前进步,在成为国际性的公司过程中管理不断进步,像许多成功的大型跨国公司一样,规范化的管理是大幅提高效率的必由之路,从近几年随着公司管理的进步,公司效益不断提高就可以看出这几年管理改进的巨大成就。另一方面华为公司的不断发展壮大又为员工提供了前所未有的工作机会和空间,可以站在一个很高的高度来工作,可以进行国际性经历的工作等等都是以前梦寐以求但是不敢想象的机会。我本人也是有幸在这样的环境中得到了公司领导的支持,才有机会在没有任何经验的基础上担当公司的重任,在实干的过程中得到了大量学习和成长的机会。

公司在卓有远见的领导下经过大家的努力效益节节上升,国际投资界评价华为,认为华为不仅是中国的CISCO,而且应该是更加优秀,因为在中国他们没有看到足够强大竞争对手可以像在美国威胁CISCO一样威胁华为。我个人一直认为华为是中国IT人才发挥自身能力最好的舞台和成长环境，在这里有的是信任、挑战、机遇和分享胜利的喜悦。尤其值得钦佩的是公司的创始人不自私，虽然外界有许多不正确的传闻，但是我们了解事情的高级干部却知道自身尤其是公司的创始者所拥有的公司股份比例小得让外人无法置信，稀释的部分就给了大量的充满活力的骨干员工，以利益和机会来分享公司成功的业绩，形成一直在社会主义市场经济体系下集体奋斗的宏大队伍。

任总看到了在未来的竞争中华为公司不可能仅靠自己一家的力量来独自发展，如果可以团结一大批合作者在周围作为补充，把自己的全部精力集中在核心竞争力的提升上，集中精力提供未来可运营网络从和信道接入的国际先进解决方案，而把分销、培训、内容开发、终端设备等业务开放给一大群志同道合的合作者，形成一个强大而广泛的统一战线以应对新经济到来的话，完全有理由相信在新经济的竞争中，我们不仅可以赶上LUCENT、ALCATEL等老牌的国际竞争对手，而且也完全可能赶上CISCO这样的IT新贵。

华为目前在数据通讯领域上是一个相对薄弱点，同时也是一个潜在的机会点，CISCO在全世界占有绝对的领先地位，但是同时华为也将是一个非常有潜力的竞争者。我本人也很有兴趣在这方面发展，如果自己可以内部创业的话，一方面可以在一个小公司中比较自由地工作，另一方面可以使内部创业公司的发展随着华为的成长同步发展，应该是一个很好的选择。内部创业公司计划集中发展系统集成业务，代理华为的路由器及数据通讯产品，建立华为数据通讯产品的培训基地，同时集中一些与华为产品没有冲突的其他厂商的产品如防火墙、以太网交换机、服务器以及各种应用软件，进一步进行内容软件开发，宽带网络的终端产品和中低端网络设备的开发工作等。

当我把这个想法向任总和孙总表露后得到了两位老总的理解，他们充分地尊重我的个人选择，尤其感激的是任总以宽大的胸襟明确地支持我不成熟的内部创业想法并给予了鼓励，当时感到的是一股暖流涌进了心中，我才真切地感到是任总博大的心胸和抱负才成就了华为今天的成绩。

作为华为公司的高级干部，我将本着职业工作的道理在未来的时间内保守公司秘密，维护公司声誉，我愿意和公司签署相关保密协议以及禁业限制协议。我所申请成立的内部创业公司也将遵守华为公司关于代理商的各项管理规定，遵守有关的商业准则诚实经营。

2000 年 12 月 27 日

迈克尔·波特：竞争战略的本质

所谓竞争战略，就是创造差异性。换句话说，即有目的地选择一整套不同的运营活动以创造一种独特的价值组合。

美国西南航空公司是创造差异性的典型例子。它在中等城市和大城市中的二级机场之间开设短程、低成本和点对点的飞行服务。它主动避开大机场，也不设远程航班。它的客户中有商务乘客、家庭和学生。西南航空公司以高密度的航班和低廉的票价吸引那些对价格敏感的乘客（如果价格高，他们就会选择乘巴士或驾车）以及那些图方便的乘客（如果不方便，他们就会选择那些能提供全面服务的航空公司）。

大多数管理者都从自己客户的角度来描述战略定位，例如，"西南航空公司为那些对价格和方便性相对敏感的乘客服务"。但是，战略的实质存在于运营活动中——选择不同于竞争对手的运营活动，或者不同于竞争对手的活动实施方式。如果不这样，战略就变成了一种营销口号，经不起竞争的考验。

提供全面服务的航空公司几乎可以将乘客从任何一个地方送到另外一个地方。为了服务到达多个目的地并方便转机的乘客，这些航空公司经常采用以几个大机场为中心的枢纽辐射系统。此外，为了吸引那些希望旅途更舒适的乘客，它们还提供头等舱或商务舱服务。考虑到那些需要转机的乘客，它们在航班安排上做出了调整，并且提供行李代运和转运服务。而对于那些需要长时间飞行的乘客，它们还会提供餐饮服务。

　　与此形成鲜明对比的是，西南航空公司对自己所有的运营活动进行了精心的设计，一切都以低成本和便捷性为中心。由于飞机停靠在航站楼的周转时间只有短短15分钟，因此西南航空公司飞机的飞行小时数就比竞争对手更多，可以用更少的飞机提供更多的航班。西南航空公司不提供餐饮、指定座位、联运行李托运或高级舱位服务。不仅如此，它还在登机口设立自动售票处，鼓励乘客跳过旅行社直接购买西南航空公司的机票，这样就省下了一笔佣金。另外，全公司整齐划一地选用波音737客机，从而大大降低了维护成本。

　　西南航空公司的战略正是建立在这样一套特制的运营活动基础之上，这样的战略定位不仅独一无二，而且也给公司带来了巨大的价值。在西南航空公司服务的航线上，无论是成本还是便捷性，提供全面服务的公司都无法与之比肩。

（摘编自《什么是战略》，作者：迈克尔·波特，
来源：《哈佛商业评论》，2004年1月号）

迈克尔·波特：企业成功的三种基本战略

有三种提供成功机会的基本战略方法，可能使公司成为同行业中的佼佼者：

总成本领先（overall cost leadership）战略

差异化（differentiation）战略

专一化（focus）战略

有时公司可能成功地寻求一种以上的方法作为其基本目标，但这种情况实现的可能很小。有效地贯彻任何一种基本战略，通常都需全力以赴，并辅以一个组织安排。如果公司的基本目标不止一个，则这些力量将被分散。这些基本战略使公司得以在产业竞争中胜过对手；在某些产业中，结构意味着所有的公司都可能取得高收益；而在另外一些产业中，一种基本战略的成功在绝对意义上讲仅使公司获取勉强可接受的收益。

■ 总成本领先战略

成本领先要求积极地建立起达到有效规模的生产设施，在经验基础上全力以赴降低成本，抓紧成本与管理费用的控制，以及最大限度地减小研究开

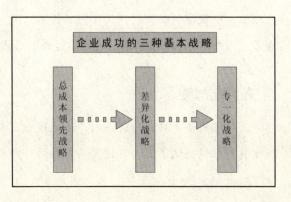

企业成功的三种基本战略

总成本领先战略 ▸ 差异化战略 ▸ 专一化战略

发、服务、推销、广告等方面的成本费用。为了达到这些目标，有必要在管理方面对成本控制给予高度重视。尽管质量、服务以及其他方面也不容忽视，但贯穿于整个战略中的主题是使成本低于竞争对手。

尽管可能存在着强大的竞争作用力，处于低成本地位的公司可以获得高于产业平均水平的收益。其成本优势可以使公司在与竞争对手的争斗中受到保护，因为它的低成本意味着当别的公司在竞争过程中已失去利润时，这个公司仍然可以获取利润。低成本地位有利于公司在强大的买方威胁中保卫自己，因为买方公司的压力最多只能将价格压到效率居于其次的竞争对手的水平。低成本也构成对强大供方威胁的防卫，因为低成本在对付卖方产品涨价中具有较高的灵活性。导致低成本地位的诸因素通常也以规模经济或成本优势的形式建立起进入壁垒。最后，低成本地位通常使公司与替代品竞争时所处的地位比产业中其他竞争者有利。这样，低成本可以在全部五类竞争作用力的威胁中保护公司。原因是讨价还价使利润蒙受损失的过程只能持续到效率居于其次的竞争对手也难以为继时为止，而且在竞争压力下效率较低的竞争对手会先遇上麻烦。

赢得总成本最低的地位通常要求具备较高的相对市场份额或其他优势，诸如良好的原材料供应等。或许也可能要求产品的设计要便于制造生产，保持一个较宽的相关产品系列以分散成本，以及为建立起批量而对所有主要客户群进行服务。由此，实行低成本战略就可能要有很高的购买先进设备的前期投资、激进的定价和承受初始亏损，以攫取市场份额。高市场份额又可进而引起采购经济性而使成本进一步降低。一旦赢得了成本领先地位，所获得的较高利润又可对新设备、现代化设施进行再投资以维护成本上的领先地位。这种再投资往往是保持低成本地位的先决条件。

■ 差异化战略

差异化战略是将公司提供的产品或服务差异化，形成一些在全产业范围中具有独特性的东西。实现差异化战略可以有许多方式：设计或品牌形象（Mercedes Benz 在汽车业中声誉卓著）、技术特点（Coleman 在野营设备业中)、外观特点（Jenn-Air 在电器领域中）、客户服务（Crown Cork 及 Seal 在金属罐产业中）、经销网络（Caterpillar Tractor 在建筑设备业中）及其他方面的独特性。最理想的情况是公司使自己在几个方面都差异化。例如，卡特皮勒推土机公司（Caterpillar Tractor）不仅以其经销网络和优良的零配件供应服务著称，而且以其极为优质耐用的产品享有盛誉。所有这些对于大型设备都至关重要，因为大型设备使用时发生故障的代价是昂贵的。应当强调，差异化战略并不意味着公司可以忽略成本，但此时成本不是公司的首要战略目标。

如果差异化战略可以实现，它就成为在产业中赢得超常收益的可行战略，因为它能建立起对付五种竞争作用力的防御地位，虽然其形式与成本领先有所不同。差异化战略利用客户对品牌的忠诚以及由此产生对价格的敏感性下降使公司得以避开竞争。它也可使利润增加却不必追求低成本。客户的忠诚以及某一竞争对手要战胜这种"独特性"需付出的努力就构成了进入壁垒。产品差异化带来较高的收益，可以用来对付供方压力，同时可以缓解买方压力，当客户缺乏选择余地时其价格敏感性也就不高。最后，采取差异化战略而赢得顾客忠诚的公司，在面对替代品威胁时，其所处地位比其他竞争对手也更为有利。

实现产品差异化有时会与争取占领更大的市场份额相矛盾。它往往要求公司对于这一战略的排他性有思想准备，即这一战略与提高市场份额两者不可兼顾。较为普遍的情况是，如果建立差异化的活动总是成本高昂，如：广泛的研究、产品设计、高质量的材料或周密的顾客服务等，那么实现产品差异化将意味着以成本地位为代价。然而，即便全产业范围内的顾客都了解公司的独特优点，也并不是所有顾客都愿意或有能力支付公司所要求的较高价格（当然在诸如挖土机械设备行业中，这种愿出高价的客户占了多数，因而 Caterpillar 的产品尽管标价很高，仍有着占统治地位的市场份额）。在其他产业中，差异化战略与相对较低的成本和与其他竞争对手相当的价格之间可以不发生矛盾。

■ 专一化战略

最后一类基本战略是主攻某个特定的顾客群、某产品系列的一个细分区段或某一个地区市场。正如差异化战略那样，专一化战略可以具有许多形式。虽然低成本与产品差异化都是要在全产业范围内实现其目标，专一化战略的整体却是围绕着很好地为某一特定目标服务这一中心建立的，它所制定的每一项职能性方针都要考虑这一目标。这一战略的前提是：公司能够以更高的效率、更好的效果为某一狭窄的战略对象服务，从而超过在更广阔范围内的竞争对手。结果是，公司或者通过较好满足特定对象的需要实现了差异化，或者在为这一对象服务时实现了低成本，或者二者兼得。尽管从整个市场的角度看，集中战略未能取得低成本或差异化优势，但它的确在其狭窄的市场目标中获得了一种或两种优势地位。

采用专一化战略的公司也具有赢得超过产业平均水平收益的潜力。它的目标集中意味着公司对于其战略实施对象或者处于低成本地位，或者具有高差异化优势，或者兼有二者。正如我们在成本领先战略与产品差异化战略中已经讨论过的那样，这些优势保护公司不受各个竞争作用力的威胁。专一化战略也可以用来选择对替代品最具抵抗力或竞争对手最弱之处作为公司的战略目标。

专一化战略常常意味着对获取的整体市场份额的限制。专一化战略必然地包含着利润率与销售量之间互为代价的关系。正如差异化战略那样，专一化战略可能会也可能不会以总成本优势作为代价。

（摘编自《竞争战略》，作者：（美）迈克尔·波特，

来源：华夏出版社，2005.10）

中兴：企业战略转型实施要点

1985 年中兴成立于深圳。1995 年开始进行国际化探索之路。1997 年，中兴通讯 A 股在深圳证券交易所上市。2004 年 12 月，中兴通讯在香港主板上市。2004 年实现合同销售额 340 亿元。中兴通讯是中国通信设备制造业的开拓者、中国综合性的电信设备及服务提供商，拥有无线产品、网络产品、终端产品（手机）三大产品系列，在向全球用户提供多种通信网综合解决方案的同时，还可以提供专业化、全天候、全方位的优质服务，并逐步涉足国际电信运营业务。

一、中兴战略转型

20 多年，中兴从加工贸易起步，并历经规模数量扩张后，开始进入以全球化战略为核心的效益增长新阶段。依靠自主知识产权、高新技术和品牌优势，中兴在国际市场上，发展速度和取得的效益均呈现跨越式发展。这些成就的取得与中兴在发展过程中的战略定位和战略变革密不可分。20多年来，中兴经历过七次战略转型：

1. 从来料加工到程控交换机的惊险之跳，踏上电信系统设备制造商之路。

从 1985 年中兴成立之始到 1992 年，一直艰难创业。20 世纪 80 年代中国提出优先发展通信业的政策，利用程控技术实现跨越式发展，并实施"以市场换技术"的策略，大规模进口程控交换机。在此背景下，中兴进行了第一次战略转型，即从开展来料加工电子小产品业务开始，逐步发展，进而转为生产我国急需的数字程控交换机，并初步具备了自主研发程控交换机的能力。

2. 第二次战略转型大致发生在20世纪90年代中期，当时中兴显现良性发展，并驶入快车道。以300万元注册成立的深圳市中兴通讯设备有限公司，首创"国有民营"的新机制，企业研发能力稳步提升。

3. 中兴正式推出多元化战略，并形成"三大转变"的思想。

第三次战略转型是在1996年。随着中兴快速发展壮大，中兴不得不面临专业化与多元化的取舍矛盾，即继续研发程控交换机，或产品多元化之路。当时，中兴总裁侯为贵提出"三大转变"，即产品结构突破单一的交换设备，向多元化产品领域扩展；目标市场由农话向本地网、市话网扩展；由国内市场向国际市场扩展。与同是做电信设备制造商的华为相比较，华为将"鸡蛋放在一个篮子里"，以高风险换取高利润。而中兴却是遍地撒种子的多元化方法，把"鸡蛋放在不同的篮子里"，来降低风险，结果中兴也从单一的交换机产品发展到涉及交换、传输、接入、视讯、电源等5个相关领域的多元化经营。

4. 中兴通过上市，来筹集资本，从而化解"资本短板"的风险。

自中兴创业以来，为了市场和技术的升级，中兴不断推出自主研发的新产品，其中资金问题一直困扰着中兴。为了解决对资金的迫切需求，也为了化解其中的种种风险，于1997年，通过股份制改造，深圳市中兴通讯股份有限公司成立，并在深圳证券交易所挂牌上市，公司进入了高速发展时期。其间，中兴于1997年7月和2001年3月两次在股市融资20多亿元，从而为中兴在3G、数据和光通信等领域的研制提供了巨大的经济后盾。

5. 从固话通信向移动通信转型，三大战略实质为一大战略。

2000年前后，中兴也在进行其第五次战略转型。在国内传统固定电话网络设备投资增速趋缓、电信重组的情况下，中兴正式确定了移动通信、数据通信、光通信三大战略领域。但结果移动通信明显见效，尤以CDMA和PHS为代表，而数据通信和光通信收效不大。故中兴把战略重点从固话通信向移动通信转变。

6. 确立了三大核心战略领域：手机、国际化、3G。

2002 年，电信行业形势极不稳定，其中小灵通不再火暴；传统的交换与接入市场逐步萎缩、价格不断下降；光通信和数据通信还不成气候；手机业务有回升的迹象，但前景不明朗；GSM 国内格局已定，短期也不能有突破；3G 业务前景扑朔迷离。在此背景下，中兴以变应变，以变制变，于 2002 年确立手机、国际化、3G 三大战略领域。2004 年中兴通讯仍将把战略重点放在三个方面，确保国际业务、手机终端、3G 三大战略领域的发展。

7. 中兴推行国际化战略，打造成全球性综合电信设备制造商，塑造成世界级卓越企业。

进入 2005 年，中兴全面实施国际化战略，着力打造世界级卓越企业。因此，中兴新的战略转型又在酝酿中，其目标是定位为全球性的综合电信设备制造商。

二、中兴转型成功之道

正是通过以上七次运用得当的战略转型，使中兴保持快速增长态势，甚至在全球通信设备厂商全面进入负增长的时候，中兴的销售不降反升，升幅达 20%。中兴多年来一直坚持通过自主创新不断掌握核心技术，同时以技术和市场相结合，推广应用为重点，大力提升运营管理，不断开拓国际市场，实施包括人才、技术、市场等在内的全面国际化战略，成为中国企业持续、稳健成长的典范。我们从以下四个方面具体来剖析中兴的成功之道：

1. 确立自主创新的知识产权战略。

中兴通讯很早就意识到企业自主创新的知识产权战略的重要性。作为一家高科技企业，中兴把美

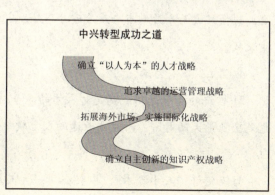

中兴转型成功之道

确立"以人为本"的人才战略

追求卓越的运营管理战略

拓展海外市场，实施国际化战略

确立自主创新的知识产权战略

国高通这类经营知识产权的公司作为自己的标杆，坚持不懈地追求自主创新的知识产权。

中兴的技术实力来自于它多年坚持的自主研发的道路，自主研发的技术创新是企业持续发展的不竭动力。中兴创立以来，就确立了自主研发，掌握核心技术的发展道路。其在国内外设立了 10 多个研发机构，并且每年研发投入均保持在销售收入的 10% 左右。

同时，中兴开始涉足国际通信专利和标准的角逐。

2. 拓展海外市场，实施国际化战略。

随着全球经济一体化进程加快，实施国际化战略是我国企业的共识。"走出去"一直是中兴通讯的战略选择。早在 1994 年，中兴就开始了国际化的探索之路；到 2001 年，中兴才正式地将国际化战略定为其主要战略之一。当时中兴销售额突破百亿大关，国内市场基本稳定，并开始全面启动海外市场。在此之前，中兴对海外市场采取"广种薄收"，直到 2002 年初，中兴成立专门的国际化部门——第一营销部，任命丁明峰作为其总经理，中兴海外市场才进入"精耕细作"阶段。

中兴将 2005 年定为"国际年"。2005 年，正好也是中兴实施国际化战略的第 10 个年头。通过一系列国际化道路的探索，中兴通讯在发展中国家和中等发达国家市场站住脚跟的同时，已开始进军发达国家市场，与全球 150 多家运营商建立了业务关系。

3. 追求卓越的运营管理战略。

管理是企业的生命线，只有在管理上不断创新，才能应对有可能因为企业规模扩大而导致的市场反应速度下降，以及市场竞争加剧而带来的双重挑战。

4. 确立"以人为本"的人才战略。

21 世纪的竞争说到底就是对人才的竞争。人才是企业最宝贵的资源，也是企业最大的财富，而建立长远的人才战略则是企业持续发展的根本保证。

为经营好"人才资本"，中兴公司一方面制定了人才战略计划，在国内通讯人才最密集的上海和我国程控交换机开发地的南京成立了中兴研究院,同时引进了一批当地的高级技术人才。另一方面,通过建立"以人为本"的人才资本经营机制,围绕人才资本核心,进行资金、项目、岗位、目标、市场等多种企业资源的配置与定位。中兴在使用人才方面唯才是用,不论资排辈,技术、业务、管理三条跑道的职务发展体系给每个有能力的人创造了充分的发展空间。

(摘编自《企业战略转型实施要点》,作者:余来文,
来源:清华领导力,2005 年,有删节)

第 10 章　启示篇

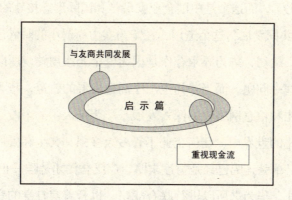

利益均沾原则是华为在国内市场屡试不爽的法宝，拿到国际市场上同样效果显著。华为与国际市场的运营商结成广泛的利益同盟，通过参股（互相持有对方的股份）、让利（产品具有明显的价格优势；让合作伙伴获得相应的利益分成）获得与对方合作的机会。

第一节　与友商共同发展

2005 年，美国《纽约时报》专栏作家托马斯·弗里德曼写了一本非常具有时代特色的书，名为《世界是平的》。托马斯·弗里德曼的观点是，世界就是平的，这也意味着全球市场、劳动力、产品和资本都可以为整个世界共享，一切都有可能以最有效率和最低成本的方式实现。托马斯·弗里德曼在书中说道，世界上任何一个人、一个单位，在任何时候、任何时期都是两种关系，不是竞争，就是合作。这很简单，到处都能找到竞争的对手，也能找到合作的对象。

美国前国务卿基辛格有一句名言，"世上没有永远的敌人，也没有永远的朋友，只有永远的利益！"其实，这句话更适用于商界。华为总裁任正非在世纪更替之际，提出了"友商"概念，可以看出，华为的"对手观"也已经国际化了。而这个是中国企业家最难和国际理念接轨的地方。

"与友商共同发展"这个道理，在华为实力尚弱小的时候已经被熟知并被运用自如。最初，华为寻求合作是因为资金无法周转，所以想借助合作的力量解决这一问题。而当华为走上了高速发展的轨道，华为人发现，随着经济全球化和信息网络化的深入发展，华为进入了一个没有边界、没有围墙的平面化的世界中，任何企业不管多大多强，其生存发展都有赖于众多合作伙伴。单弦连唱已经是穷途末路，广泛合作才是唯一正确的选择。

除此之外，华为之所以进行联合战略，也有着其自身的竞争需要。华为也曾设想与外资合作，借助外资企业的品牌和营销渠道，实现品牌的快速拉升。但此时的华为已经被第一阵营众寡头列为最具威胁的竞争对手，

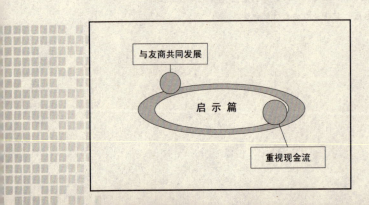

而其他国际一流企业把华为列为第一阵营的竞争对手，不愿意仅仅因为短期利益的考虑而"引狼入室"，将华为带入北美等发达国家市场。华为完全暴露在有效攻击距离内。华为"破局之计"是把竞争对手称为"友商"，希望与众寡头保持一种有限竞争合作关系。

这些年，华为一直跟国际同行在诸多领域携手合作，通过合作取得共赢、分享成功，实现"和而不同"——已经为越来越多的国际大公司所接受。华为还将建立广泛的利益共同体，长期合作、相互依存、共同发展。

利益均沾原则是华为在国内市场屡试不爽的法宝，拿到国际市场上同样效果显著。华为与国际市场的运营商结成广泛的利益同盟，通过参股（互相持有对方的股份）、让利（产品具有明显的价格优势；让合作伙伴获得相应的利益分成）获得与对方合作的机会。

2005年9月，任正非在其《华为公司的核心价值观》中这样写道：

我们的友商就是摩托罗拉、阿尔卡特、朗讯、北电、西门子、NEC和爱立信……，我们把竞争对手都称为友商，我们的沟通合作是很好的。我们要向拉宾学习，以土地换和平，企业之间进行分工合作，优势互补，几年来已卓有成效。拉宾是以色列前总理，他提出了以土地换和平的概念。2000年IT泡沫破灭以后，整个通讯行业的发展都趋于理性，市场的增长逐渐平缓，未来几年年增长不会超过4%，而华为要快速增长，就意味着要从友商手里夺取份额，这就会直接威胁到友商的生存和发展，就可能在国际市场上到处树敌，甚至面临群起而攻之的处境。所以我们要韬光养晦，要向拉宾学习，以土地换和平，宁愿放弃一些市场、一些利益，也要与友商合作，成为伙伴，和友商共同创造良好的生存空间，共享价值链的利益。我们已经在好多领域与友商合作起来，经过五六年的努力，大家已经能接受我们，所以现在国际

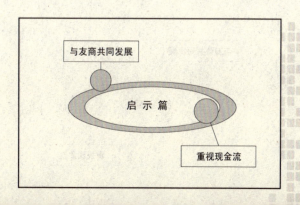

大公司认为我们越来越趋向于朋友，不断加强合作会谈。如果都认为我们是敌人的话，我们的处境是很困难的。

所以这些年，我们一直在跟国际同行在诸多领域携手合作，通过合作取得共赢、分享成功，实现"和而不同"，和谐以共生共长，不同以相辅相成，这是东方古老的智慧。华为将建立广泛的利益共同体，长期合作，相互依存，共同发展。例如，我们跟美国的 3COM 公司合作成立了合资企业。华为以低端数通技术（占 51% 的股份），3COM 公司出资 1.65 亿美元（占 49% 股份），这样一来 3COM 公司就可以把研发中心转移到中国，实现了成本的降低，而华为则利用了 3COM 世界级的网络营销渠道来销售华为的数通产品，大幅度地提升我们产品的销售，2004 年销售额增长 100%，这样就能够使我们达到优势互补、互惠双赢。同时，也为公司的资本运作积累了一些经验，培养了人才，开创了公司国际化合作新模式。

和很多企业不惜一切代价和同类企业进行恶性竞争不同，华为将自己的竞争对手称为友商，其一直在跟国际同行在诸多领域携手合作，力求通过合作取得共赢、分享成功，实现"和而不同"，和谐以共生共长，不同以相辅相成，也就是将矛盾的对立关系转化为合作协调关系，使各种矛盾关系结成利益共同体，变矛盾为动力。任正非说：

我们需要一大批勇敢的人走向海外市场，但光有勇气是不够的，我们面对的世界各国的竞争对手是非常有职业化水准的，我们在战略上可藐视他们，但在战术上必须认真重视他们。

华为希望能够在条件允许的情况下建立广泛的利益共同体，即使是自己的竞争对手，在适当的时候，也能展开合作，共同发展。

2004 年 2 月 12 日，西门子和华为正式宣布成立 TD-SCDMA 合资公司。

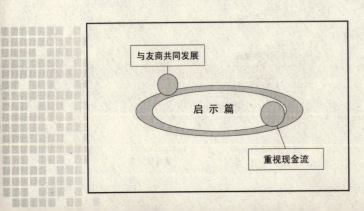

启 示 篇

与友商共同发展

重视现金流

该公司总投资超过 1 亿美元，西门子占股 51%，华为占股 49%。华为常务副总裁徐直军表示，新合资公司的实质意义在于 TD-SCDMA 技术标准的具体应用和产品业务层面，而对 TD-SCDMA 基本专利的分配没有任何影响。

在海外市场的拓展上，华为强调不打价格战，要与友商共存双赢，不扰乱市场，以免西方公司群起而攻之。华为希望通过自己的努力，通过提供高质量的产品和优质的服务来获得客户认可，而不能损害整个行业的利润，因小失大。华为深知通信行业是一个投资类市场，仅靠短期的机会主义行为是不可能被客户接纳的。因此，华为拒绝机会主义，坚持面向目标市场，持之以恒地开拓市场，自始至终地加强自身的营销网络、服务网络及队伍建设。经过 9 年的艰苦拓展、屡战屡败、屡败屡战，华为终于赢来了今天海外市场的全面进步。

可以看到，华为能与包括竞争对手在内的众多机构合作，都有一个前提条件，那就是利益均沾，也就是说加入到华为的合作体系后，合作各方都能够获得相应的利益分配，这是华为与众多机构合作的前提和基础。当然，华为对与自己结成利益共同体的合作方的要求也相对较高，只有那些对华为的市场提升、发展壮大有巨大帮助的机构才有资格。

第二节　重视现金流

美国管理学大师德鲁克表示："那些仅仅把眼光盯在利润上的企业，早晚是没有利润可赚的。"中兴通讯侯为贵说他做企业："现金流第一，利润

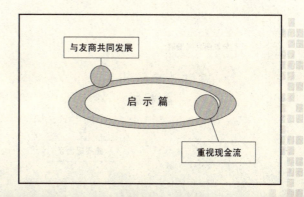

第二、第三。"

任正非引用围棋之道来阐述他对于现金流的态度：

咱们多一口，多一口，多一口，只要气多几口，我们就活过来了。所以在这个问题上我认为，我们一定要重视现金流。

华为是一家技术型公司，技术当然是任正非所重视的。但是，作为一个企业领导者，任正非平时最关心的一个问题是"华为的冬天"，再一个就是现金流。而这两件事基本上是密切相关的。

1991年那时华为现金流非常紧张，借贷困难，到账的订货合同预付款也都全部投入到生产和开发，华为人感到了前所未有的压力。12月，首批3台BH-03交换机终于包装发货出厂。12月31日晚，华为在蚝业村工业大楼开了一个庆功会。会后很多员工才知道，公司在当年收到的订货预付款已经全部用完了，再发不出货，有可能面临破产。创业初期对资金的巨大需求，使得任正非在经营华为的过程中，一直非常注意保持充裕的现金流。

中国人民大学金融证券研究所所长吴晓求教授在第二届中国基金币场国际研讨会上说："有家企业，银行账户上有稳定的大量的资金余额，但这家企业的老板是极端厌恶风险的，甚至厌恶证券，一谈到股票他就害怕，就生气。我就碰到这样一位。他就是华为总裁任正非先生，我跟他谈过两次，他一谈到股票，就极端厌恶，他说股票纯粹是不务正业，他说他的公司永远不会和股票打交道，永远也不会和证券打交道。为了说服他，我讲了很多道理，试图说明资本市场将会更有利于他企业的发展，我花了很大的力气，最终还是未能说服他。"

2001年，任正非曾多次预言的"冬天"提前到来。在国际市场上，由

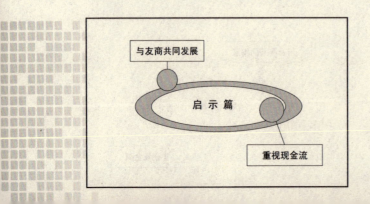

于网络泡沫造成了世界电信市场开始急剧下滑和出现萎缩，世界电信业的冬天"来临"了。时为世界上最大的通信设备制造商的朗讯公司裁了将近一半以上的员工。财务报表显示，朗讯公司2000年实际完成的销售额只有189亿美元，裁掉了5万5千名员工，而原先估计该年度完成的销售额应该达270亿美元，也就是说，在裁员过程中朗讯公司又丢失了80亿美元的市场。在很多无线领域都处于世界领先水平的马可尼公司，更是股票大跌，濒临破产。

在国内市场，在华为，这同样是一个寒流来袭的"冬天"。2001年，华为在苦苦经营了5年的海外市场上依然是屡战屡败；华为在国内市场错失小灵通的市场良机后，使得之前被远远地甩在后头的中兴通讯后来居上。在这种内外夹击的艰难处境下，人们都很关心华为如何度过这个"冬天"。任正非由此提出：

我们公司要以守为攻。大家总说华为的冬天是什么？棉袄是什么？就是现金流，我们准备的棉袄就是现金流。

这个"棉袄"就是华为将旗下的通信电源公司华为电气出售给美国爱默生公司所获得的7.5亿美元。这对当时的华为来说是至关重要的"棉袄"，用任正非的话说是"够华为支持一阵子"。

任正非还指出，企业处在"冬天"里时，销售方法和销售模式都必须实施转变。

要改变以前的粗放经营模式。我宁肯低一些，一定要拿到现金。

****

存在银行、仓库的钱算不算现金流呢？算，但钱总是会坐吃山空的。所以必须要有销售额。大家有时对销售额的看法也有问题。我卖的设备原来是

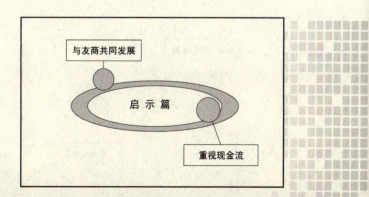

100 块钱，我 90 元卖掉了就亏 10 元，这种合同坚决不做。坚决不做呢，公司就亏损了 23 元，因为所有的费用都分摊了，在座的开会的桌子，屁股坐的椅子费用都分摊进去了，还要多拿 23 元贴进去才能解决这个问题，甚至可能还不止这个数。如果亏了 10 块钱卖，能维持多长时间呢？就是消耗库存的钱。消耗消耗消耗，看谁能耗到最后。就是谁消耗得最慢，谁就能活到最后。

为了获得充足的现金，任正非想尽了办法，他甚至动员有市场经验的员工转到市场财经部。

几年前，我组织市场财经部（华为负责贷款回收的部门），大家死都不愿意去，现在一看，市场财经部的人哗啦啦老升官、升高官、到国外升官。没办法，不升他升谁呀，升你你不会呀。不升他，在国外那么大的合同，钱拿不回来咋办？那是棉衣啊。

事实上，任正非对于现金流的重视，贯穿了华为的整个发展历史。

在华为发展初期，有一个"政策"——谁能够为公司借来一千万，就可以一年不用上班，工资照发。

现金流对于一个企业的发展有着生死攸关的作用，它不仅代表着企业一定时期内的现金流入和流出的数量，反映业务的现金收支状况，实际上现金流还是一个企业是否稳健发展的重要标志。因此，在华为的发展过程中，保障现金流的稳定和保持足够的现金余额一直是任正非非常重视的一项工作。在某些特殊时期（例如 2001 年的"华为的冬天"），现金流甚至被作一项企业战略来抓。

《创业帮》对商业咨询企业福克斯资源公司（FOCUS Resources）总裁李·斯特里兰德（Lea Strickland）的谈话有着这样的记载，"企业家们通常

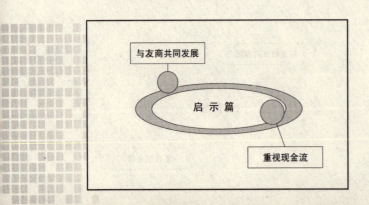

认为，'只要我能销售出产品，我就能获得收入，然后我就会得到现金'，但那可不一定。你需要用现金来支付租金、购买设备并发放员工工资。如果你的账单需要按月支付，可你通常要花 60～90 天的时间才能收到来自客户的付款，你可能将陷入困境。糟糕现金流的其他迹象包括：你的销售收入增加但你的银行存款余额仍无变化；存货资产比销售额上升得更快；或者，你总是在最后一天甚至更晚才能支付账单。与供应商的沟通非常关键。你可以通过事前谈判争取到较好的条件，如果你有问题也不妨直说，而不是一直等到超过支付期限。"

同样，华为的同城兄弟中兴通讯也异常重视现金流。中兴通讯有个重要的"梯度推进"战略："现金流第一，利润第二，份额第三"，也就是说不能够单纯追求规模扩张。很多企业包括一些海外企业盲目进行规模扩张，其中大多数都失败了。中兴通讯董事长侯为贵认为，企业在发展过程中首先应该保持自己的健康，否则今天扩大了，重组了，明天又分解了，来来回回受害的是员工、是股东。所以中兴对财务方面采取健康和稳健的政策，强调不要把研究的重点放在规模上。如果企业是健康的，一定能够积累强大的竞争能力，企业也自然会成长，这种成长不是拔苗助长，它是一种有规律的、科学合理的成长。

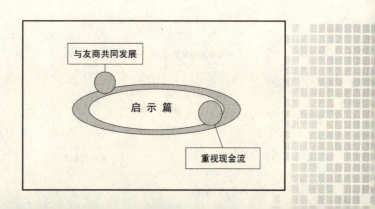

■ 华为公司近5年财务状况一览表

人民币百万元	2009年	2008年	2007年	2006年	2005年
收入	149,059	125,217	93,792	66,365	48,272
营业利润	21,052	16,197	9,115	4,846	6,752
营业利润率	14.1%	12.9%	9.7%	7.3%	14.0%
净利润	18,274	7,848	7,558	3,999	5,519
经营活动现金流	21,741	6,455	7,628	5,801	5,715
现金与现金等价物	29,232	21,017	13,822	8,241	7,126
运营资本	41,835	29,588	23,475	10,670	10,985
总资产	139,653	118,240	81,059	58,501	46,433
总借款	16,377	14,009	2,731	2,908	4,369
所有者权益	43,316	37,454	30,032	20,846	19,503
资产负债率	69.0%	68.3%	63.0%	64.4%	58.0%

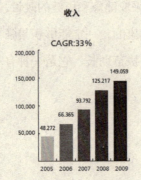

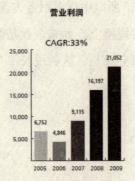

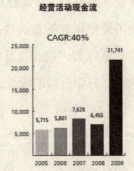

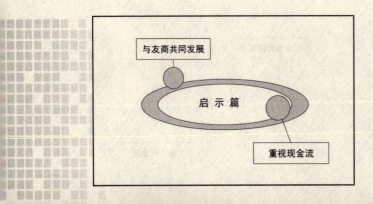

战略思维与管理理念有着根本的区别

战略本身就意味着做出艰难的抉择，选择那些有利的事情；而管理则是那些你不必做选择的事情，它事关各种业务的处理方式。战略思维就是这样一种思考方式，它需要确认什么才是最重要的，确认最后所选择的方向能够回答最初确定的目标，所以战略思维是用如下逻辑展开的。首先需要回答问题1：你想干什么？这个问题实际上就是企业确定的目标。接着需要思考问题2：凭什么？这个问题就是需要知道实现前面的目标所必须的条件，企业必须知道第一个问题实现所必需的条件什么。接着思考问题3：你有什么？到了这个时候，企业需要了解自己的能力和资源，相对于第二个问题而言，清晰了解自己的优势，企业知道自己的优势是什么。除了已经拥有的条件，企业需要面对问题4：你缺什么？这个问题是回答企业相对于第二个问题所必需的条件而欠缺的东西。最关键的问题是：你要干些什么？当企业清楚知道自己欠缺的是什么的时候，它就能够作出选择决定最关键的是做什么，而这个最关键做什么的选择就是战略的选择。所以战略思维不是解决企业当前问题的，而是解决企业目标所带来的选择问题。

管理理念是：遇到任何问题都要找到解决的办法；管理没有对错，只有面对问题，解决问题。因此，不管遇到什么问题，处于管理的位置就要去解决，并不需要关注这个问题本身，但是很多人以为解决问题就是做了战略的选择。战略思维会让企业关心企业存活的依据，会清楚地界定盈利的来源，会知道自己能够做什么不能够做什么。

彼得·德鲁克先生曾经说："在法律上和财政上的意义（不是从公司结构及经济上）来说，现在有 120 年历史的公司将活不过 25 年。"德鲁克先生告诉我们在企业发展的过程中有两个问题是必须保证的，简单地说就是：法律保守、财务保守。这是做企业的两个基本前提，如果违背了这两个前提，已经活了 120 年也不会再活多久。战略是在法律、规则保守和财务保守的前提下的选择，换个角度说就是战略要求不做违背法律和规则的事情，不做财务冒进的事情，这是战略思维的首要选择。具备战略思维能力的企业，就具备这样的自我约束能力，进而企业抵御风险的能力也就强化了。

战略需要根植于环境来做选择和判断，战略需要保证企业能够顺应环境的趋势。企业与环境是互为主体的，企业如果不能够顺应环境的变化，不能够与环境互动，企业不可能具有竞争力，IBM 从老沃森，到小沃森再到郭士纳经历了三代领导人，同时也经历了小型机、大型机和互联网的时代，每一次都是对于环境变化的深刻理解，IBM 始终保持蓝色巨人的领先位置。

所以中国企业不要急着解决问题，更应该先回答企业到底要做什么。30 年中国的经济和中国的企业发展神速，但是这样的高速增长却掩盖了中国企业战略能力的缺失这样一个最为关键的问题。当我们的增长可能来源于市场巨大的需求的时候，中国企业不要急着追赶世界 500 强，也不要急着进行价值型企业的梦想里程。不要以为有了 2000 亿的销售额，就是世界强者之一，毕竟在战略上中国企业并没有做什么。沃尔玛的全球供应链效应，微软的实现顾客价值的能力，宝洁对于消费者的深刻理解，这一切都表明并不简单是低价的问题，也不是创新的问题，而是具有坚实的战略基础。

杰克·韦尔奇：制定战略的三个步骤

　　我打算讲一讲制定战略的三个步骤。在我自己的职业生涯中，无论是在什么样的企业还是产业，也无论是在经济繁荣的高峰还是低谷，从墨西哥一直到日本，这套方法都运转得相当成功。谁知道呢——这或许就是成功的原因之一。

　　这些步骤是：

　　首先，对你的生意制定一个大方向上的规划——找到聪明、实用、快速的，能够获得持续竞争优势的办法。

　　其次，把合适的人放到合适的位置上，以落实这个大的规划。此话说起来很普通，其实不然。在实施计划的时候，你需要弄清楚，什么类型的人适合从事大众化的产业，什么类型的人适合从事高附加价值产业。我并不喜欢戴有色眼镜看人，但必须承认，如果你的战略和员工的技能能够匹配起来，那可是件大好事。

　　第三，不断探索能实现你的规划的最佳实践经验。无论是在你自己的企业内，还是在企业外，都要学会去追寻它们，并且还要不断提高。如果你的企业是个学习型的组织，人们渴望每天都能把一切做得更好，那你的战略就能充分发挥其威力。员工们会从各个地方学到最好的技能，不断提高企业的效率水平。相反，即使你拥有世界上最好的规划，但如果没有这样的学习型企业文化，你也不能获得持久的竞争优势。

　　所以，战略不过是制定基本的规划，确立大致的方向，把合适的人放到合适的位置上，然后以不屈不挠的态度改进和执行而已。

此外，我们的战略之所以有这样持久的生命力，最主要的还是因为它建立在如下两个牢不可破的原则上：大众化是糟糕的，人才决定一切。

而我的建议则是，当你思考战略的时候，要考虑反大众化的方向。要尽量创造与众不同的产品和服务，让顾客离不开你。把精力放在创新、技术、内部流程、附加服务等任何能使你与众不同的因素上面。如果走这条道路，你即使犯一些错误，也依然可能成功。

理论就是这些！

（本文摘编自《赢》，作者：[美] 韦尔奇（Welch · J.)，余江等译，

来源：中信出版社，2005.5)

联想集团董事局主席柳传志：
企业战略的制定和执行

　　我自己是做企业出身，讲这个主题偏于感性，经不起推敲，谈完之后希望大家多提宝贵意见。

　　从某种意义上讲，一个企业如果能始终正确地制定战略并坚定地执行，那么这个企业就能办成百年老店。行业在变化，竞争对手也在变化，地域政治经济环境也在变化，如果企业根据自身情况变化去制定战略去执行的话，这个企业就能长期发展下去。

　　我 1984 年办联想，在世界计算机领域里面像 IBM、王安、DEC 当时排在前三位，后面还有 HP、苹果、SUN、CDC、刻镭、康柏等等做终端产品的公司，到了今天再回过头来看这些公司，有相当大的一部分是销声匿迹了，也有一部分活得不太舒坦，真正生龙活虎的剩下不到 20%。这里面充分反映出这些企业的发展战略和环境变化的关系。20 世纪 80 年代初期，那时候用计算机以大型机器为主，当 PC 出现之后，像 CDC、刻镭这样的公司难以生存，不能根据行业变化调整战略的话，像 CDC 和刻镭就销声匿迹了。今天像王安等公司既有战略制定问题，也有执行的问题。IBM 在 20 世纪 80 年代初作为世界第一位的计算机公司营业额占了整个世界计算机领域的一半，甚至所有加在一块和它相当。一个企业是纵向体系，企业本身既做操作系统也做 CPU，也做应用软件，最后做销售，拆成横向。CPU 叫别人做，操作系统让别人做，再把其他元器件拆出去，由它倡导做的结果大大推动了计算机领域的发展，而 IBM 自己就不行了。这个确实是企业战略的体现，1994 年 IBM 重组变成服务型的公司。企业大了之后甚至能推动整个行业，但是自个儿活不下来。从这些方面体现了企业战略的重要。2000 年出了一本书《大败局》列举很多企业失败的教训，有的因为环境不能适应，相当大一部分还是由于自己企业的战略制定和执行做得不好。

战略的制定分为七个步骤，愿景、目标、路线、业务布局、组织架构／管理模式、具体业务战略、专项职能支持。一个美国人写了《执行》，把执行和战略分开。

第一，愿景。愿景是指企业想往哪个方向发展。愿景非常重要，如果企业愿景不明确肯定是不行的。很早之前我到北戴河看火车站边上有一个卖馅饼的老太太，馅饼样子很好看，一吃起来皮很厚，吃完之后觉得下次不会再买。但老太太本来就是卖馅饼养家糊口，你走了人家可以卖下一拨旅行者。麦当劳要货真价实在世界上做得最大，土豆条要炸得一致。

很多企业不太注意愿景，实际愿景很重要，关键是你是否真心相信你的愿景，真的往这方面去做。真心想要做未必做得成，但是有做得成的可能，如果不真心看中愿景肯定做不成。20 世纪 90 年代初，联想提出三条愿景，长期、有规模、高技术企业。正因为要做长期，行为上不能蒙人不能坑人，特别要注意诚信。愿景一定是企业发展的目标追求，还是非常重要的。

第二，目标。在联想三年五年就是长期目标，中长期目标和短期目标是根据企业规模来决定的。一个很小的企业一个季度就是短期目标，一年是长期目标。目标本身是财务目标，制定时应反复考虑，力求科学。研究路线、业务布局要再往上反馈，看看这个目标定的是否现实。这个跟企业家的心态有关系，大家容易往高了定，跟实际有距离之后做不到说到做到。在联想我们特别希望说到做到，所以把目标反复讨论。财务目标实际上有一个宽度，因为环境不同。在最低目标定下来之后一定要做到，做不到会影响整个战略实施。

第三，路线。为实现目标决定做什么，不做什么，用什么方法做，称为路线。比如一个房地产公司决定怎么样拿地，怎么样融资，到底盖办公楼还是住宅房，是在本地区发展还是向全国发展，是出租还是卖等等，大的方向定下来之后，实际就是发展路线。

联想在 1996 年制定到 2000 年发展目标，定了五条战略路线：

1. 坚持信息产业领域内多元化发展；

2. 国际、国内市场同时发展，以国内市场为主；

3. 走贸、工、技道路；

4. 积极发展产品技术，以此为基础逼近核心技术；

5. 充分运用股市集资作为实现 2000 年中期目标的主要融资手段。

1996、1997 年我们到台湾考察，那时候联想没有准备把主力部队放在内地，已经准备在香港地区和欧洲比较大规模发展 PC 厂机。台湾的研发能力相当强，制造能力非常强，

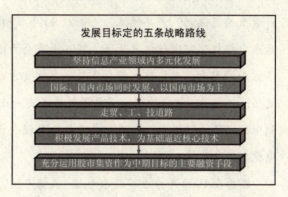

发展目标定的五条战略路线

坚持信息产业领域内多元化发展

国际、国内市场同时发展，以国内市场为主

走贸、工、技道路

积极发展产品技术，为基础逼近核心技术

充分运用股市集资为中期目标的主要融资手段

但是台湾的企业能做的事情主要是工业，他们通过给人加工的方式走出去。为什么台湾企业不自己打品牌出去呢？台湾的宏基也打品牌，但是就这么一家，而且到美国去铩羽而归。在这种情况下，台湾的企业准备用另外一条路出去——不打品牌，然而在内地由于我们是一个本地化的企业，在本地市场我们具有诸多优势，我们是在内地能形成品牌，而且能形成方方面面的积累，等我们积累成功了我们再出去。因此我们把步子退回来，1997 年、1998 年、1999 年我们占到中国内地市场 28%、29%，接近 30%。整个世界市场没有中国市场发展这么快，我们内部收缩非常快，甚至取决于路线的成功。我们把这个事情想透，按照路线来走。

熟悉联想的朋友都知道我们是 20 万元起家，被人骗走了 14 万，方方面面没有积累。在这种情况下尤其是我们不懂得市场，我们研究所出来的

人不懂得怎么做企业，一开始我们选择了一条路替别人卖东西，做代理。一方面了解市场，一方面向外国企业学习经验和规律，逐渐成熟之后再形成自己的加工、研发和品牌。原先我们给 AST 做台式电脑的代理，给 IBM 做台式电脑的代理，后来发展到我们自己的台式电脑，我们做过东芝、HP 激光打印机，代理方面做得非常好，都是在中国在亚洲最大的代理，我们这条路是循序渐进的道路。

联想一定要成为一个高技术公司，但是核心技术领域国家科技部门的领导、方方面面的朋友包括媒体给了我们很大的压力，希望我们能够最好 CPU 全能做，但实际上我们没有这个能力。美国最赚钱的公司是英特尔和微软，它们做的是核心技术，其他方面包括 IBM 做 PC 机利润已经很薄。什么东西能做到？产品技术。上世纪 90 年代初国内电视机多数是日本货，后来电视机厂家进行技术改造，现在大家全用国产电视机。国产电视机有多方面的因素，产品技术的发展是一个重要方面。日本的电视机由于国家电压比较稳定，所以电源电子元器件要求次一点，设计性能上可以低一点。到中国电压波动很大，如果把电源部分加强一点，投入并不大会大大提高电视机的质量。

联想在 1999 年推出英特尔电脑，天禧电脑，不用再往上插卡、安软件，更重要的是不用到电信局登记，这种电脑叫一键上网电脑。我们的市场份额因此提高了 10 个百分点。通过产品技术可以赚钱，拿这个钱积累再发展核心技术。现在联想有两个技术研发层次，一个是联想研究院奔着前瞻性技术走，一个是放在事业部里面主要是做产品。现在联想一年有八亿左右的研发投入，可能对整个公司来说不算什么，但是对联想来说已经是很大的进步。通过发展产品技术多挣钱之后积累滚动增加。

过去利润相当低，最早的时候百分之一点几，很大一块是运行财务上跟银行业的钱，我们要在股市进行融资。怎么样让投资人信任我们，怎么取得很高的市盈率？我们把它作为一条路线定下来，再去研究怎么做。

制定路线的时候分析什么东西？一方面分析客观状况，包括行业状况、竞争对手状况、地域状况、世界经济政治状况。世界经济政治状况对联想还是有一定的影响，做大的决策我们要进行股市融资，发现股市情况不是取决于企业的情况，百分之六七十取决于世界股票市场的形势。另一方面分析主观情况，就是核心竞争力的分析。核心竞争力包括你会干什么，你特别会干什么，这是核心竞争力。为什么研究这个？研究透了之后能知道你能干什么，会确定你的业务重心放在哪儿。一个企业尤其外国投资者特别要求我们专一，做电脑的最好只做电脑，保证它的投资利润率最高。有的投资分析人这么分析，其实不对。一个股东对企业的要求实际是要求利润持续增长，企业利润持续增长仅仅做某一项单一业务不考虑行业变化进行布局的话就很危险。中关村有一些公司在1984年和我们一起办的时候，有些产品非常好，特别受欢迎，PC机出现之后这些产品必然受到挤压。由于当年赚的钱没有为后面设计新的产品，公司现在受到很大的挫折。核心竞争力本身有了之后要向愿景方向逐渐转移，不能认为什么东西永远是核心竞争力。

联想集团现在的核心竞争力，杨元庆总裁制定了三条：市场开拓能力和渠道控制能力、物流运作、终端产品设计。天禧电脑2000年在全国三百个城市开展演示会，几乎一模一样，既能够做宣传还要节约成本，真能够起作用，这种控制能力、市场开拓能力做得非常好。这是联想集团非常拿手的地方。联想集团的坏账损失率是万分之五，我到美国提到这个他们非常吃惊。一般先进的国际企业做到千分之三左右，万分之五的控制确实要有一定的能力。

康柏在1997年前后由于急于想和AST竞争，放账比较松，结果中国的市场份额突飞猛进发展很快，但是那一年大概有八千多万美元的坏账。从此之后康柏在中国一蹶不振，因此"度"本身的把握很重要。电脑行业本身成本主要不在员工，不在销售，主要在元器件。元器件的成本占了电脑整机成本的80%。电脑元器件当中有一部分像CPU、存储器、硬盘价格浮动特别大，这种价格的变化如果不注意的话，是对成本影响最关键的。CPU由于技术不断进步，所以新的CPU不断出现，老的CPU有很多突然性降价。1996年7、8、9三个月存储器由13美元降到2美元。实际从采购进来、生产、库存到销售这条物流链相当重要。联想在 1999 年之后强行上了 ERP 之后，对企业整个运作有了极大提升，1994 年库存有 80 天，现在 14 天。库存管理非常重要，这里面用到企业信息化的管理方式。根据市场需求用成熟技术形成产品设计，这是联想集团的核心竞争力所在。

有了核心竞争力之后，业务布局分为三个层次：核心业务（碗里的饭）、成长业务（锅里的饭）、种子业务（田里的）。

联想集团的矩阵式管理结构：台式 PC、笔记本、服务器、手机，台式 PC 没有自己的财务体系、生产体系，一个信息体系是为整个所有的部门负责，生产体系也为所有的部门负责，每个企业根据自己的情况确定其管理模式。

联想控股有限公司做了联想投资、融科智地、联想集团、神州数码。多元化的企业得采用子公司的方式才比较合适，房地产行业联想集团无论在模式上，在文化上都会有很大的差异。假定一个公司以事业部的方式来管理，总体战略还用整个公司的不合适，用子公司的方式大家各干各的没有什么问题。世界上有一间公司不是这样的，做得特别出色，那就是 GE。GE 是以一间公司总体的文化、人事由上面来管，韦尔奇不是一般人，我们学不了。

一个企业制定战略的时候，总裁手下一定要有非常出色的企划部门，企划部门应该分成两块。制定战略前为决策层提供营养；制定战略时具体做组织工作；执行时负责协调、监督和调整。战略失败的主要原因是什么？目标不合适，路线不对，组织架构、管理模式、专项职能不配套，文化基础不好。企业的文化基础看三个方面：

1. 企业领导人是否把企业利益放在第一位。如果从领导人开始有腐败现象或者分块现象，下面肯定不行。这种情况还是很经常的，有些国有企业领导人退休下来要选一个和他关系要好的人，第二把手也这么考虑，那么这个班子里面就形成了宗派，一有宗派就不把企业利益放在第一位。说一套做一套，这个企业就很难做了。

2. 进取精神。企业在发展之中要想长期活下去，这里面有很多问题要拼命去做。当方向定下来之后要不顾一切去做。联想 ERP 前几年做的时候遇到很多困难，前面没有大企业做，我们下定决心非做不可，最后果然做出来了，这里面要克服很多困

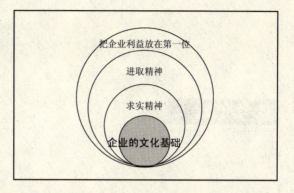

难。希望各层员工做同步发动机不要做齿轮，企业大了之后上面发了指令下面来做很难往前推动。因此物质激励、精神激励要让员工变成发动机。

3. 求实精神。求实是更重要的，说到做到。联想品牌之中第一条就是诚信，应该讲联想的规模没有特别值得说好的地方，但是诚信的态度确实做得不错。我们从一开始办企业的时候特别强调三个信得过：怎么让老板信得过，怎么让员工信得过，怎么让客户和合作伙伴信得过。

联想核心竞争力管理三要素，怎么样建班子、定战略、带队伍。有了这些东西之后不断反思不断总结，即使行为层的核心竞争力有失误，即使打败仗也能做得好。

谢谢大家。

（本文为 2003 年 11 月，柳传志在"IT 经理世界年会"上的演讲）

参考文献

1. 李信忠. 华为的思维：解读任正非企业家精神和领导力 DNA. 东方出版社，2007.5

2. 张贯京. 华为四张脸. 广东经济出版社，2007.4

3. 王永德. 狼性管理在华为. 武汉大学出版社，2007.1

4. 刘世英，彭征明. 华为教父任正非. 中信出版社，2008.1

5. 张力升. 军人总裁任正非. 中央编译出版社，2008.8

6. 王育琨. 企业家的梦想与痴醉：强者. 北京理工大学出版社，2006.8

7. 程东升，刘丽丽. 华为经营管理智慧：中国土狼的制胜攻略. 当代中国出版社，2005.5

8. 汤圣平. 走出华为. 中国社会科学出版社，2004.11

9. 李尚隆. 削减成本 36 招. 机械工业出版社，2009.8

10.【美】德鲁克. 蔡文燕译. 创新与企业家精神. 机械工业出版社，2007.1

11. 元轶. 柳传志谈管理. 海天出版社，2009.8

12. 任伟. 王石如是说. 中国经济出版社，2009.1

13. 黄卫伟. 对称竞争. 企业管理出版社，2008.11

14.[美] 韦尔奇，余江等译. 赢. 中信出版社，2005.5

15. 邹山. 华为获外资巨额出口信贷，合同金额 2800 万美元. 通信频道，2006.2

16. 黄顺芳. 华为项目首获外资银行出口信贷，金额高达上亿元. 搜狐 IT，2004.9

17. 胡勇. 华为为什么不上市. 新浪，2008.10

18. 姜美芝. 华为上市为国际化开路. 搜狐 IT，2006.1

19. 冀勇庆. 华为上市，股权结构将彻底暴露. 商业新闻网，2009.4

20. 木木. 华为中兴及爱立信或成电信运营商融资新宠. 新浪科技，2009.3

21. 联想集团董事局主席柳传志演讲. 搜狐 IT，2003.11

22. 孙丽. 华为与思科进行着以知识产权为名的商业游戏. 计算机世界网，2004.2

23. 任正非三次敲响警钟 华为为什么总是在冬天. 第一财经日报，2008.7

24. 马晓芳. 华为向员工大规模发放期权，融资 70 亿备战寒冬. 第一财经日报，2008.12

25. 王育琨. 地头力式生长. 商界评论，2009.8

26. 王育琨. 任正非学习丰田：让地头力再次成就华为. 数字商业时代，2009.5

27. 张楚. 华为，组织架构随需而变. 中国经营报，2006.1

28. 冀勇庆. 华为的第二次极限. IT 经理世界，2006.10

29. 周米. 华为：核心竞争力不是一天打造出来的. 中国计算机报，2002.6

30. 马晓芳. 华为成绩单为什么这样"红". 第一财经日报，2009.1

31. 焦立坤 . 中兴华为巨量招聘争夺 3G 人才，总体规模超四千人 . 北京晨报，2009.10

32. 胡勇 . 华为的大平台与"拧麻花" . 创业家，2008（4）

33. 马晓芳 . 华为发"期权"内部融资或达 70 亿 . 第一财经日报，2008.12

34. 李志军 . 传华为面临财务危机，出售终端业务为保"鸡" . 财富时报，2008.7

35. 孙珏 . 审计资料指国开行华为"创新贷款"受考验 . 第一财经日报，2008.11

36. 李一男别港湾，华为出手收购是被逼无奈 . 中国企业家，2006.7

37. 后港湾时代谁能挑战华为 . 中国计算机报，2006.6

38. 李一男：一千万家全押上了 . 中国计算机报，2005.8

39. 于欣烈，张亮 . 华为融合港湾——港湾沉浮 或许不是曲终 . 环球企业家，2006.8

40. 陈钢华 . 为上市存变数，敲开资本市场大门还要多久 . 互联网周刊，2004.7

41. 国际化融资当道，华为中兴风险收益平衡术 . 第一财经日报，2009.4

42. 易运文 . 以客户为中心，以技术为依托，华为在国际金融危机中逆市而上 . 光明日报，2009.2

43. 赵先进 . 爱立信的转型之路 . 企业管理，2005（4）

44. 余来文 . 企业战略转型实施要点：以 20 周岁中兴通讯为例 . 博锐管理在线，2006.2

45. Nichole L. Torres. 创业要极度重视现金流 . 创业邦，2008.7

46. 陈启清 . 企业投融资管理 . 中共中央党校经济学部，2007.7

47. 傅烨珉 . 思科融资方案助力中小企业业务增长 . 上海金融报，2008.7

48. 彭明盛：变革当趁好时光 . 商业评论，2005（1）

49. 张亮 . 思科 CEO 钱伯斯：穿越风暴眼 . 环球企业家，2009.6

50. 思科钱伯斯：置死地而后生，伟大企业的必然路径 . 中国企业家，2009.8

51. 柳瑞军 . 向杰克·韦尔奇学战略创新思维 . 价值中国网，2008.9

52. 再访郭台铭：速度是鸿海第一竞争力 . 21 世纪经济报道，2009.12

53. 郎咸平 . 中国制造业的困境 . 装备制造，2009.7

54. 侯为贵 . 应对金融危机牢牢抓住"创新"这个主题 . 求是，2009.12

55. 刘宏君 . 侯为贵："战略，就是做好眼前的事" . 中外管理，2005（5）

56. 项兵 . 任正非改造华为"三部曲" . IT 时代周刊，2009.5

57. 袁学伦 . 华为相机而动的创新力——华为始终聚焦客户的需求和挑战进行创新 . 经理人，2007.11

58. 华为领跑中国 3G 元年 CDMA 尤为引人注目 . 人民邮电报，2009.2

59. 余来文 . 企业战略转型实施要点 . 清华领导力，2005 年

60. 闫跃龙 . 华为：总有一种力量令人震撼 . 通讯世界，2004.12

61. 任正非与王石的千亿元企业王朝 . 中国经营报，2008.6

62. 罗飞 . 冬天里的华为和任正非 . 创富志，2009.9

63. 李云杰 . 暗战互联网，华为抢占"云端" . 世界计算机，2009.6

64. 马晓芳 . 华为中兴风险收益平衡术：国际化融资当道 . 第一财经日报，2009.4

65. 应对 337 条款的次佳选择——交叉许可 . 中国经济时报，2009.3

后 记 | 华为的企业战略
Hua Wei de QiYe ZhanLue

在《华为的企业战略》写作过程中，作者查阅、参考了与华为和任正非有关的大量文献和作品，并从中得到了不少启悟，也借鉴了许多非常有价值的观点及案例。但由于资料来源广泛，兼时间仓促，部分资料未能（正确）注明来源及联系版权拥有者并支付稿酬，希望相关版权拥有者见到本声明后及时与我们联系（huawei_qyzl@126.com），我们都将按国家有关规定向版权拥有者支付稿酬。在此，表示深深的歉意与感谢。

由于写作者水平有限，书中不足之处在所难免，诚请广大读者指正。另外，感谢范其月、符金芳、文秋曼、赵锋全、麦丽超、郭世海、吴海燕、倪俊云、李国桐、符吉亲、符光晓等人参与编写此书并付出的辛勤劳动。

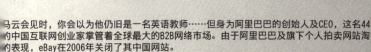

云界英雄，所见略同

云计算革命先锋的创业秘籍
从小创意到市值百亿美元的企业王国

云攻略大纲预览

梦想作帆，市场奠基
永远相信自己的梦想。如何开始组建自己的团队、
塑造企业形象、确定公司价值？什么是"自创比喻"？
如何"差异营销"？

活动兴势，销售牵头
勇敢挑战强者，组织游行影响舆论，与媒体共舞，
联合草根宣传队广泛渗透。

技术求新，全球布局
利用现有优势锐意创新，为客户降低门槛，全球化
的同时保持公司独特个性持续发展。

财务为本，慈善见情
看准财务需求，是要保守还是激进？为何需要在生
意的一开始就纳入慈善规划？

管理攻略，熟读于心
V2MOM模式、Mahalo精神教我的共赢故事。

〔美〕马克·贝尼奥夫 著
〔美〕卡莱尔·阿德勒

徐杰 译

海天出版社
定价：36.00元

■ 软件终结者：马克·贝尼奥夫

云计算教父
互联网产业变革大师
Salesforce.com 创始人、董事长兼CEO

- ■《商业周刊》"ebiz 25"
- ■ 2003《财富》评选的"10大新晋企业骄子"
- ■ 2005 世界经济论坛评选的"明日全球领袖"
- ■ 2005 DEMO 世界级改革家奖
- ■ 2006 网络世界50位最具影响力人物
- ■ 2006 NEA 杰出企业家
- ■ 2007 安永年度企业家
- ■ 2008 VNU 年度10佳 IT 首席执行官
- ■ 2008 CRO 年度 CEO

■ 卡莱尔·阿德勒（Carlyle Adler）

卡莱尔是一名记者，其文章见诸于
《商业周刊》《财富》《时代》等各类媒体。
她曾两次被 TJFR 集团（The Journalist
& Financial Reporting Group）提名为"30
岁以下最具影响力的商业记者"。

1999 年，马克创办的 Salesforce.com 在短短 10 年内，已经从一个革命性的创意蜕变成云计算产业的市场与技术领导者、一家世界最具竞争力的市值百亿美元的上市公司。

2000 年，马克成立了 Salesforce.com 基金会。该机构今天已发展成市值数百万美元的全球性慈善组织。他也是《商业改变世界》和《悲悯的资本主义》作者。马克·贝尼奥夫目前居住在旧金山。

未来领袖，云中精英！

中国教父级CEO的创业真经与管理思想
中国最具影响力企业家的战略运筹与政治谋略

本套书汇集了中国最新锐、最顶级CEO关于创业理念与管理思想的精彩言论，是这些教父级CEO在创业、管理、用人与领导思想与理念方面的精华。该套书定位为创业者、管理者、职业经理人、企业家的行动指南；企业培训、中层干部、员工职场学习读物；领导者、成功者的决策参考。

李彦宏谈创业与管理　作者～张洪亮

张瑞敏谈战略与管理　作者～文正欣

王传福谈创业与管理　作者～李东利

马化腾谈创业与管理　作者～谢森任

谈创业与管理 **李彦宏**

谈创业与管理 **王传福**

每本
39.00元

谈战略与管理 **张瑞敏**

谈创业与管理 **马化腾**

功者一定是用自己的梦想去点燃别人的梦想，是时刻播种梦想的人。
——李彦宏

年老店能站住是靠文化，而不是技术。
——张瑞敏

创业成功最关键的还是要有冒险精神。
——王传福

对于创业者而言，能够最终生存下来才是最重要的。
——马化腾

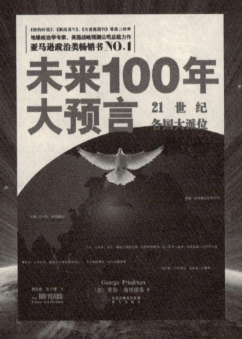